S	R	O	T	E	K
935	10	85	103	50	810

700 − 70 = _____ ____
100 − 50 = _____ ____
860 − 810 = _____ ____
700 − 690 = _____ ____
180 − 130 = _____ ____
940 − 5 = _____ ____
1 000 − 500 = _____ ____
90 − 40 = _____ ____
610 − 310 = _____ ____
206 − 103 = _____

360

568

525

480 + 45

897
− 217

139 + 9

420 + 260

6 · 60

40 · 9

133
+ 435

AF177274

1

	4 5 1
+	3 4 2

	8 5 6
+	1 3 0

	2 7 6
+	4 2 3

	1 8 6
+	6 1 2

	4 3 3
+	3 4 4

2 Immer zwei Aufgaben haben dasselbe Ergebnis.
Unterstreiche die Ergebnisse in derselben Farbe.

	2 6 8
+	3 1 1

	4 0 5
+	5 7 2

	3 1 8
+	1 3 0

	2 6 6
+	3 1 3

	5 7
+	7 1 2

	6 3 5
+	2 0 3

	1 2 5
+	3 2 3

	2 1 4
+	7 6 3

	7 2 2
+	4 7

	4 2 3
+	4 1 5

3

	2 8 7
+	1 1 5

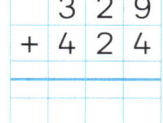

	3 2 9
+	4 2 4

	6 1 8
+	2 5 4

	5 6 3
+	1 6 2

	1 3 4
+	3 8 5

	4 6 2
+	1 5 7

	3 5 3
+	2 8 5

Bei dieser Aufgabe gibt
es immer mindestens
einen Übertrag.

	4 2 8
+	1 7 5

	5 2 7
+	8 8

Inhaltsverzeichnis

L	M	W	N	D	I
300	630	500	30	60	120

1 Rechne und trage die Lösungsbuchstaben aus dem Kreuzfahrtschiff ein.

$300 + 200 =$ _____ _____

$40 + 80 =$ _____ _____

$120 + 180 =$ _____ _____

$130 + 170 =$ _____ _____

$505 + 305 =$ _____ _____

$25 + 60 =$ _____ _____

$607 + 23 =$ _____ _____

$215 + 415 =$ _____ _____

$25 + 25 =$ _____ _____

$14 + 16 =$ _____

$4 \cdot 30 =$ _____ _____

$15 \cdot 2 =$ _____

$240 : 4 =$ _____ _____

$100 : 2 =$ _____ _____

$80 : 8 =$ _____

2 Rechne und male in den Farben der Boote an.

$988 - 840$

$579 - 431$

$312 + 256$

$230 + 540$

$800 - 120$

4

	H	Z	E
	6	8	7
−	1	6	2

	H	Z	E
	3	4	5
−	2	3	0

	H	Z	E
	7	3	6
−	5	1	4

	H	Z	E
	2	5	8
−	1	4	2

	H	Z	E
	4	6	9
−	2	2	2

5 Subtrahiere schriftlich.

582 − 231

H	Z	E
5	8	2
− 2	3	1

649 − 418

H	Z	E

299 − 151

H	Z	E

347 − 25

H	Z	E

767 − 247

H	Z	E

358 − 212

H	Z	E

598 − 561

H	Z	E

873 − 262

H	Z	E

6

	5	6	4
−	2	3	5

	3	9	2
−	1	8	6

	4	5	1
−	1	3	8

	6	2	7
−	4	7	5

	9	8	2
−	7	3	7

	3	5	0
−	2	1	8

	4	6	6
−	2	8	1

	9	5	3
−	8	9	2

Übertrag

STICKER

1

 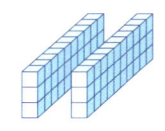 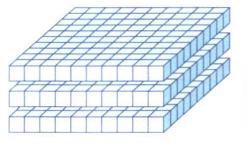

2 · 3 = _____   2 · 30 = _____   2 · 300 = _____

2

2 · 2 = _____	3 · 2 = _____	3 · 3 = _____
2 · 20 = _____	3 · 20 = _____	3 · 30 = _____
2 · 200 = _____	3 · 200 = _____	3 · 300 = _____
20 · 2 = _____	30 · 2 = _____	30 · 3 = _____
20 · 20 = _____	30 · 20 = _____	30 · 30 = _____
2 · 4 = _____	2 · 5 = _____	5 · 2 = _____
2 · 40 = _____	2 · 50 = _____	5 · 20 = _____
2 · 400 = _____	2 · 500 = _____	5 · 200 = _____
20 · 4 = _____	20 · 5 = _____	50 · 2 = _____
20 · 40 = _____	20 · 50 = _____	50 · 20 = _____

3 Immer drei Aufgaben gehören zusammen. Male passend an.

43 · 6 = _____

78 · 4 = _____

52 · 7 = _____

70 · 4 = _____

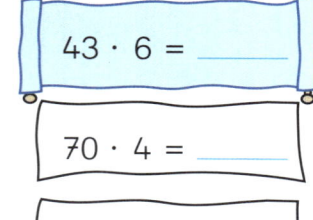 40 · 6 = _____

50 · 7 = _____

8 · 4 = _____

2 · 7 = _____

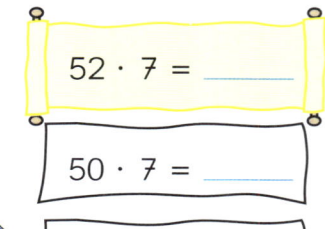 3 · 6 = _____

36 · 8 = _____

29 · 5 = _____

84 · 3 = _____

80 · 3 = _____

30 · 8 = _____

20 · 5 = _____

9 · 5 = _____

4 · 3 = _____

6 · 8 = _____

4 Rechne auf deinem Weg.

Ich rechne so:

5 · 12 = _____

3 · 36 = _____

6 · 99 = _____

3 · 235 = _____

4 · 23 = _92_

| 4 | · | 2 | 0 | = | 8 | 0 |
| 4 | · | | 3 | = | 1 | 2 |

5 · 62 = _____

4 · 221 = _____

STICKER

Halbschriftliches Dividieren

1

:	2	20	4	40
40				
80				
120				
200				

:	4	40	8	80
80				
160				
240				
400				

:	3	30	6	60
60				
120				
300				
600				

:	3	30	5	50
150				
300				
450				
600				

2

27 : 3 = _____   24 : 4 = _____   35 : 5 = _____

27 : 9 = _____   24 : 6 = _____   35 : 7 = _____

270 : 3 = _____   240 : 4 = _____   350 : 5 = _____

270 : 9 = _____   240 : 6 = _____   350 : 7 = _____

270 : 30 = _____   240 : 40 = _____   350 : 50 = _____

270 : 90 = _____   240 : 60 = _____   350 : 70 = _____

3 Rechne auf deinem Weg.

48 : 4 = _____ ⚬ ⚬ (40 : 4)

(Ich rechne so:)

78 : 6 = ___13___

| 6 | 0 | : | 6 | = | 1 | 0 |
| 1 | 8 | : | 6 | = | | 3 |

64 : 4 = _____ ⚬ ⚬ (40 : 4)

245 : 5 = _____ ⚬ ⚬ (200 : 5)

306 : 6 = _____ ⚬ ⚬ (300 : 6)

612 : 4 = _____ ⚬ ⚬ (400 : 4)

427 : 7 = _____ ⚬ ⚬ (350 : 7)

STICKER

1 Die Piraten Tarip und Tira segeln mit ihrem Schiff von Insel zu Insel, um den vergrabenen Goldschatz zu finden. Sie starten auf der Piraten-Insel. Ergänze die fehlenden Angaben. Folge der Pfeilrichtung.

Piraten-Insel	$\longrightarrow$	Südsee-Insel	207 km

Piraten-Insel ⟶ Hai-Insel: 54 km

Hai-Insel ⟶ Palmen-Insel 45 km

Palmen-Insel ⟶ Südsee-Insel: _____ km

insgesamt: 54 km + 45 km + _____ km = 207 km

Südsee-Insel	$\longrightarrow$	Piraten-Insel	217 km

Südsee-Insel ⟶ einsame Insel: _____ km

einsame Insel ⟶ Piraten-Insel: _____ km

insgesamt: 67 km + _____ km = 217 km

2

Tarip und Tira benötigen
für 30 km etwa 1 Stunde.

30 km	1 h
15 km	
45 km	
60 km	
90 km	
180 km	
210 km	

Tarip und Tira können in
1 Stunde 30 km weit segeln.

1 h	30 km
2 h	
4 h	
5 h	
10 h	
14 h	

Tarip und Tira brauchen von der Hai-Insel bis zur Palmen-Insel

_____ Stunden.

Von der Piraten-Insel bis zur Südsee-Insel sind es etwa 210 km.

Tarip und Tira benötigen für die Strecke etwa _____ Stunden.

Die Piraten benötigen etwa 14 Stunden, um von der
Piraten-Insel an allen Inseln entlangzusegeln und wieder
an der Piraten-Insel anzulegen.

Die Rundfahrt ist also etwa _____ km lang.

STICKER

1   Welche Insel hat die größere Fläche?
Bestimme die Anzahl der Zentimeterquadrate.

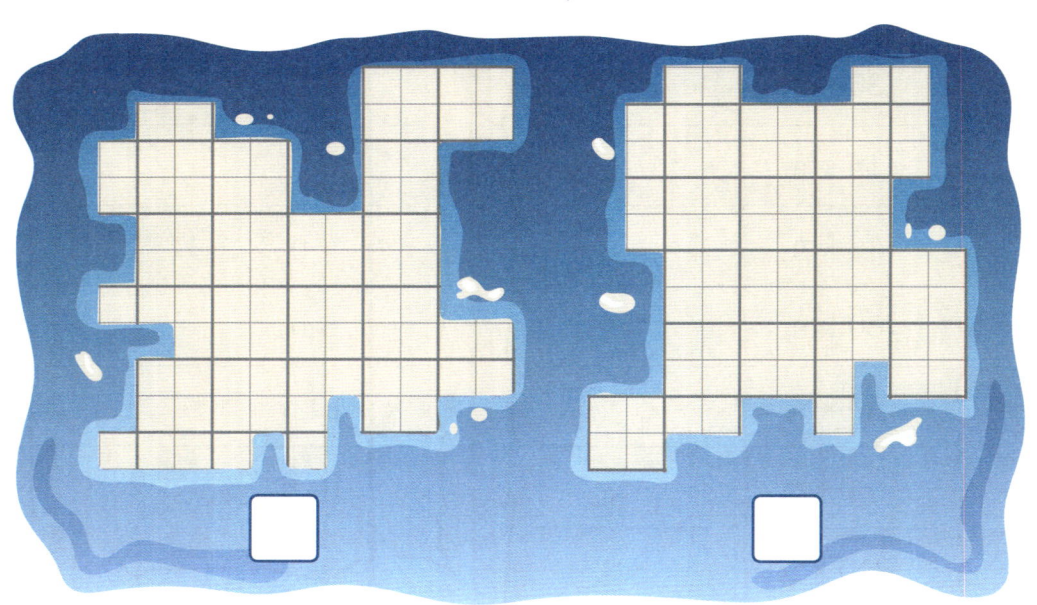

2   Immer zwei Figuren haben den gleichen Flächeninhalt.
Bestimme die Anzahl der Zentimeterquadrate und male passend an.

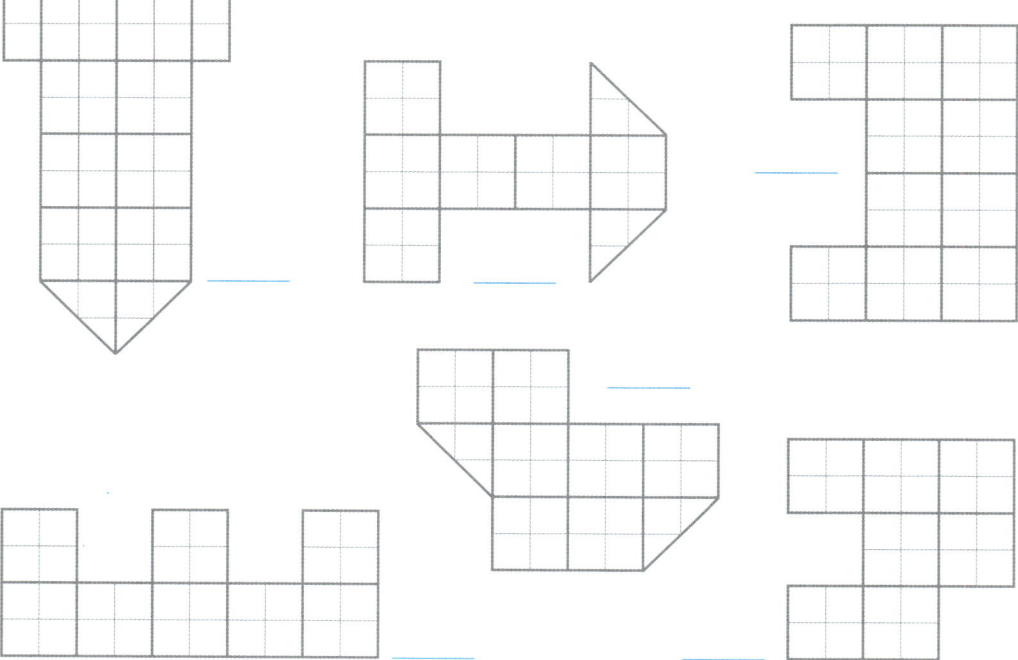

1   Miss alle Strecken einer Figur. Berechne jeweils den Umfang.

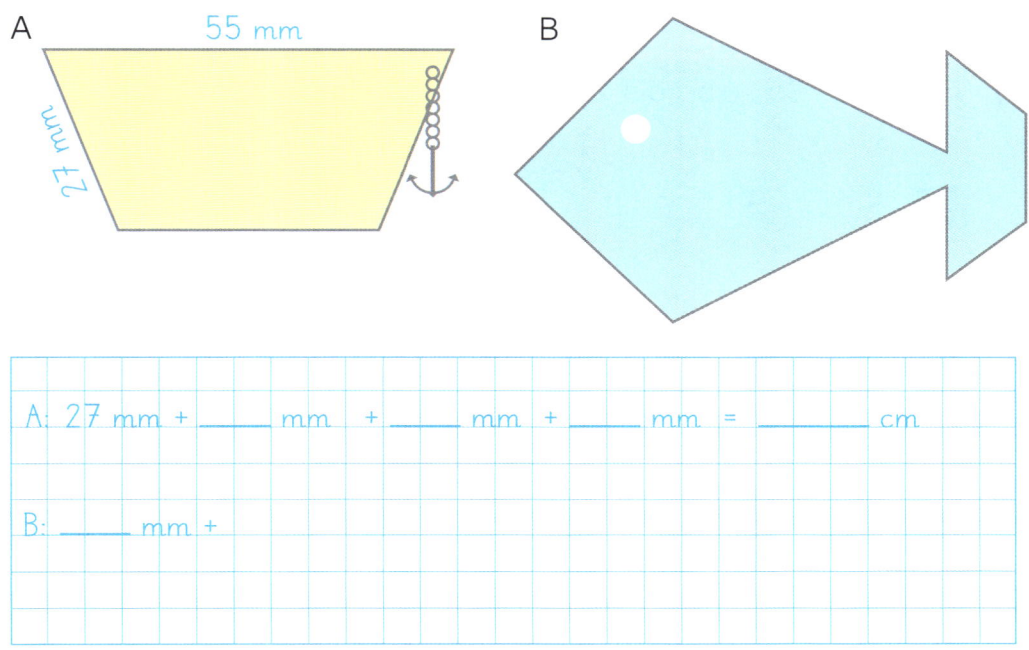

A: 27 mm + _____ mm + _____ mm + _____ mm = _____ cm

B: _____ mm +

2   Zeichne die Zentimeterquadrate ein. Miss den Umfang.

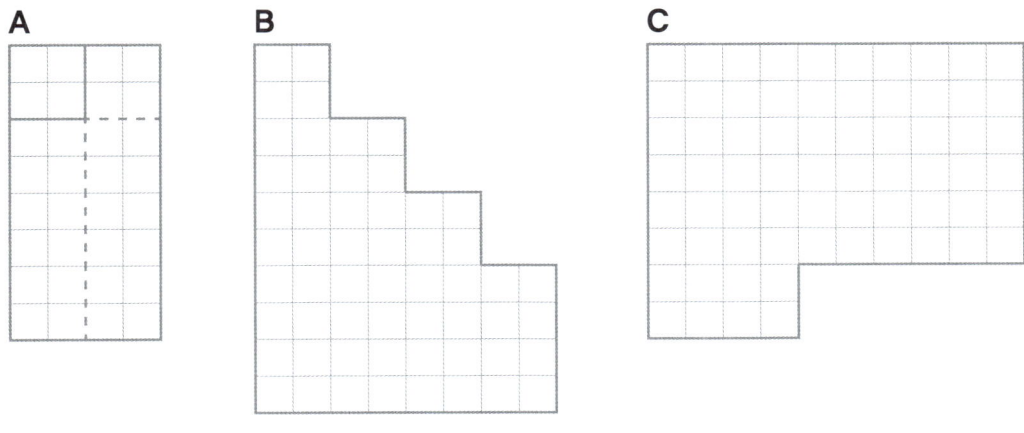

	A	B	C
Fläche in Zentimeterquadraten			
Umfang in Zentimetern			

STICKER

Tausender   Hunderter   —— Zehner   · Einer

1 Trage ein. Schreibe die Zahl.

An manchen Stellen steht eine Null!

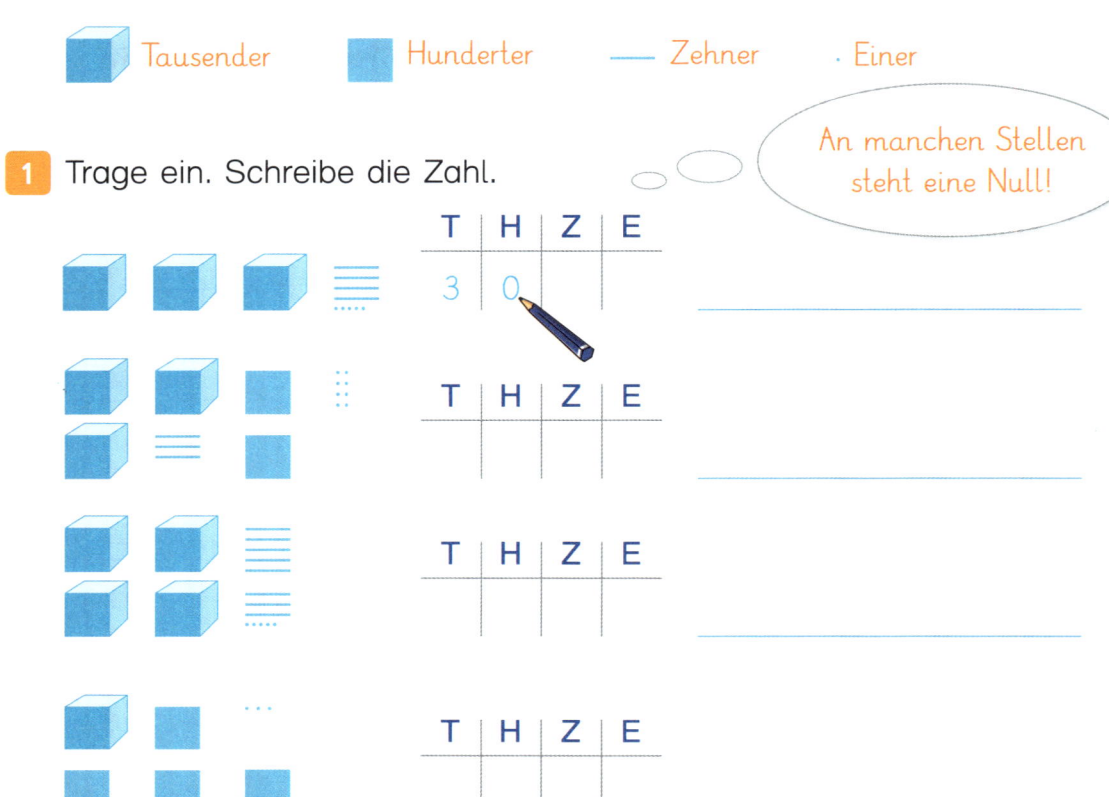

T	H	Z	E
3	0		

T	H	Z	E

T	H	Z	E

T	H	Z	E

2 Ordne in die Stellentafel ein. Schreibe die Zahl.

					HT	ZT	T	H	Z	E	Zahl
4 ZT	3 T	2 H	5 Z	1 E							
8 T	5 H	8 Z	3 ZT	8 HT							
6 ZT	4 T	9 Z	3 E								
5 H	2 HT	3 T	7 Z	9 E							
2 E	5 ZT	1 T	4 H								
1 ZT	7 E	1 Z									
6 T	4 H	4 Z									
3 HT	5 T	3 E	7 H								

3 Wie heißt die Zahl?

80 000   4   300

50   1 000

80 000
1 000
300
50
4

_____

4 Welche Zahlen kannst du aus den Zahlenkarten bilden? Verbinde.

3 000   8

200   40

30 000   200

80   3

6 000

300   7

60 000

4 000

Zwei Zahlen bleiben übrig.

3 628   354 752   1 480 605   36 283

3 248   742 589   64 307   74 589

700 000   80

500   40 000

9   2 000

4 000   700

300 000   2

50 000   50

80 000   600

5   1 000 000

400 000

5
4 000 + 800 + 20 + 4 = _4 824_

7 000 + 100 + 50 + 3 = _____

1 000 + 400 + 70 + 9 = _____

3 000 + 200 + 10 + 1 = _____

5 000 + 600 + 80 + 4 = _____

8 000 + 700 + 70 + 5 = _____

4 000 + 100 + 50 + 1 = _____

9 000 + 800 + 70 + 6 = _____

2 000 + 700 +   6 = _____

9 000 +   30 +   5 = _____

6 000 + 300 +   5 = _____

1 000 + 200 + 10 = _____

STICKER

1 Lies die Zahl. Streiche die falsche durch.

zweitausendvierhundert	2 040	2 400
neuntausend	90 000	9 000
sechstausendacht	6 008	6 800
viertausenddreihunderteinundzwanzig	4 000 321	4 321
fünftausendfünfundsiebzig	5 570	5 075
vierundsechzigtausenddreihundertzwölf	64 312	640 312
dreihundertneunzigtausend	93 000	390 000
achtundvierzigtausendeinhundertelf	480 111	48 111
zweihunderttausendzwei	200 002	22 002

2 Zahl gesucht.

Die Zahl hat 6 Einer,
7 Zehner, 8 Hunderter und
9 Tausender.

___ ___ ___ ___
 T   H   Z   E

Die Zahl hat 8 Hunderter,
4 Zehner, 6 Tausender und
3 Zehntausender.

___ ___ ___ ___ ___
ZT   T   H   Z   E

Die Zahl hat 4 Zehntausender,
5 Einer, 2 Hunderter, 7 Zehner
und 3 Tausender.

___ ___ ___ ___ ___

Die Zahl hat 4 Tausender,
5 Hunderter, 6 Zehntausender,
7 Zehner, 8 Hunderttausender
und 9 Einer.

___ ___ ___ ___ ___ ___

3 Ordne die Zahlen. Beginne mit der kleinsten Zahl.

54 631   32 604   78 453   762 211   78 435   328 176   46 937

☐   1.   ☐   ☐   ☐   ☐   ☐

4 Bilde mit den Ziffernkarten eine möglichst kleine und eine möglichst große Zahl.

	kleine Zahl	große Zahl
7 5 4 3		
4 8 2 1 6		
3 9 1 5 7		
2 3 1 6 5 4		

5 Zerlege die Zahlen.

9 328 = _____ T _____ H _____ Z _____ E

26 432 = _____ ZT _____ T _____ H _____ Z _____ E

45 050 = _____ ZT _____ T _____ H _____ Z _____ E

64 527 = _____ H _____ T _____ ZT _____ Z _____ E

30 681 = _____ T _____ ZT _____ E _____ Z _____ H

513 264 = _____ HT _____ T _____ ZT _____ H _____ E _____ Z

Aufgepasst!

6   4 367 = 4 000 + 300 + 60 + 7

420 420 = 400 000 + 20 000 +

426 758 = _____

888 888 = _____

78 110 = _____

20 420 = _____

12 834 = _____

12 034 = _____

12 804 = _____

STICKER

1 Für welche Zahl steht der erste Strich nach der Null?

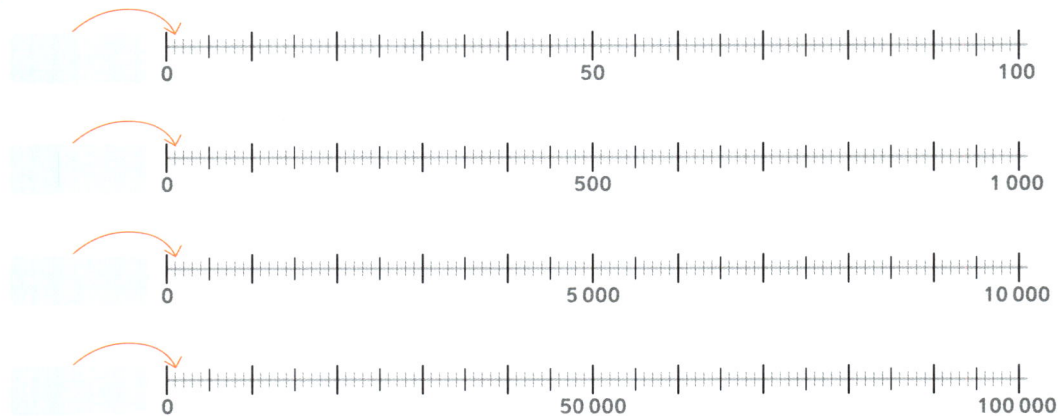

2 Wie heißen die Zahlen?

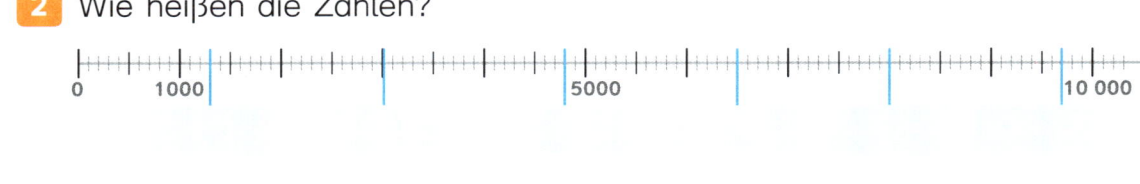

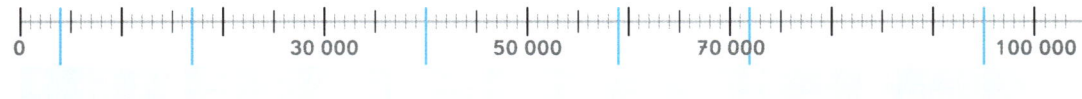

3 Wie heißen die Zahlen? Achte auf den Abstand der Striche.

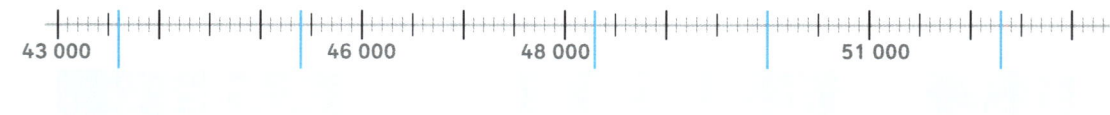

4 Finde die Nachbar**tausender**. Färbe passend und trage ein.

	6 400	
	3 248	
	43 480	
	51 300	
	181 918	

43 000   182 000

52 000   3 000   6 000

7 000

51 000

4 000   44 000

181 000

5 Finde die Nachbar**zehntausender**. Färbe passend und trage ein.

50 000   10 000

580 000

130 000

60 000

570 000

30 000   20 000

40 000

120 000

	14 000	
	51 300	
	32 800	
	126 000	
	570 700	

6 Finde die Nachbar**hunderttausender**.
Färbe passend und trage ein.

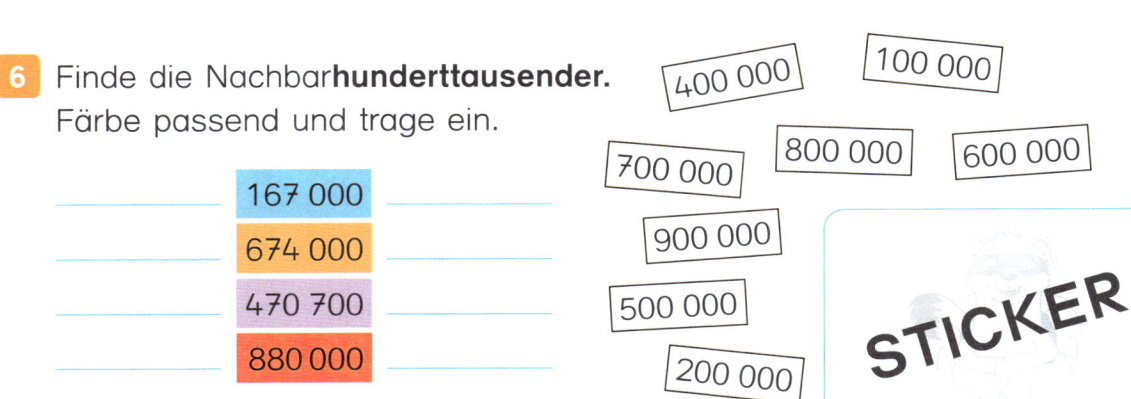

	167 000	
	674 000	
	470 700	
	880 000	

400 000   100 000

700 000   800 000   600 000

900 000

500 000

200 000

STICKER

1 Die Piraten Tarip und Tira segeln um 17:35 Uhr los und erreichen um 19:25 Uhr die nächste Insel. Wie lange waren die Piraten zur Insel unterwegs?

17:35 ──+ 25 min──→ 18:00 ──+____──→ _____ ──+____──→ _____ Uhr

Sie waren _____ Stunde und _____ Minuten unterwegs.

Um 20:00 Uhr beginnen die Piraten damit, nach dem Schatz zu graben. Um 23:30 Uhr finden Tarip und Tira eine Schatzkiste. Nach 57 Minuten gelingt es ihnen, die Kiste zu öffnen.

Tarip und Tira finden den Schatz nach _____ Stunden und

_____ Minuten.

Um _____:_____ Uhr öffnen sie die Schatzkiste.

Die Piraten benötigen 90 Minuten, um den gesamten Schatz auf ihr Schiff zu schaffen. Um 2:30 Uhr lichten sie die Anker.

Um wie viel Uhr haben die Piraten damit begonnen, den Schatz auf das Schiff zu schaffen?

_____ Uhr ──− 60 min──→ _____ Uhr ──− 30 min──→ _____ Uhr

2 Immer zwei Zeitspannen gehören zusammen. Male passend an.

- 60 min
- 1½ h
- 1 Tag
- 7 Tage
- 90 min
- 24 Stunden
- 1 h
- ¾ h
- 14 Tage
- 365 Tage
- 48 h
- 1 Monat
- 30 Tage
- 45 min
- 2 Wochen
- 2 Tage
- 1 Jahr
- 1 Woche

STICKER

1 Die Meeresbiologen schreiben auf, wie lange sie getaucht sind.
Ergänze die Tabelle.

60 Sekunden sind eine Minute.

Name	Zeit in Minuten	Zeit in Sekunden
Peter	1 min	
Petra	$\frac{1}{2}$ min	
Simone		120 s
Michael	$3\frac{1}{2}$ min	
Carlos		180 s
Nina	2 min 17 s	

2 Die Meeresbiologen schreiben auf, wie lange sie schon
unterwegs gewesen sind. Ergänze die Tabelle.

Tag	Startzeit	Ankunft	Fahrzeit in Stunden und Minuten	Fahrzeit in Minuten
Montag	07:29	16:39	____ h ____ min	_____ min
Dienstag	21:47	04:47	____ h ____ min	_____ min
Mittwoch	09:18	10:38	____ h ____ min	_____ min

Wie lange waren die Meeresbiologen insgesamt unterwegs?

Sie waren _____ Stunden und _____ Minuten unterwegs.

Das sind insgesamt _____ Minuten.

3 Die Meeresbiologen vergleichen vor dem Tauchgang die Uhrzeiten auf ihren Armbanduhren.

Wie spät ist es auf die Sekunde genau? Schreibe auf.
Es gibt jeweils zwei Möglichkeiten.

Michael

_____ Uhr und _____ Sekunden
_____ Uhr und _____ Sekunden

Simone

_____ Uhr und _____ Sekunden
_____ Uhr und _____ Sekunden

Laura

_____ Uhr und _____ Sekunden
_____ Uhr und _____ Sekunden

Finn

_____ Uhr und _____ Sekunden
_____ Uhr und _____ Sekunden

Marie

_____ Uhr und _____ Sekunden
_____ Uhr und _____ Sekunden

Noah

_____ Uhr und _____ Sekunden
_____ Uhr und _____ Sekunden

STICKER

1

$4 +\ \ 3 =$ _____

$40 +\ \ 30 =$ _____

$400 +\ \ 300 =$ _____

$4\,000 + 3\,000 =$ _____

$8 +\ \ 6 =$ _____

$80 +\ \ 60 =$ _____

$800 +\ \ 600 =$ _____

$8\,000 + 6\,000 =$ _____

$9 -\ \ 8 =$ _____

$90 -\ \ 80 =$ _____

$900 -\ \ 800 =$ _____

$9\,000 - 8\,000 =$ _____

$15 -\ \ 6 =$ _____

$150 -\ \ 60 =$ _____

$1500 -\ \ 600 =$ _____

$15\,000 - 6\,000 =$ _____

2

$7 +\ \ 6 =$ _____

$700 + 600 =$ _____

$5 +\ \ 8 =$ _____

$50\,000 + 80\,000 =$ _____

$47 +\ \ 21 =$ _____

$4\,700 + 2\,100 =$ _____

$260 +\ \ 130 =$ _____

$260\,000 + 130\,000 =$ _____

$3 +\ \ 9 =$ _____

$3\,000 + 9\,000 =$ _____

$670 +\ \ 230 =$ _____

$670\,000 + 230\,000 =$ _____

$11 -\ \ 5 =$ _____

$1\,100 - 500 =$ _____

$17 -\ \ 9 =$ _____

$170\,000 - 90\,000 =$ _____

$52 -\ \ 25 =$ _____

$520 - 250 =$ _____

$81 -\ \ 12 =$ _____

$81\,000 - 12\,000 =$ _____

$34 -\ \ 8 =$ _____

$340 - 80 =$ _____

$550 -\ \ 140 =$ _____

$550\,000 - 140\,000 =$ _____

1

4 000 + 2 000 = _____

8 200 + 1 400 = _____

2 450 + 4 000 = _____

3 700 + 5 100 = _____

7 300 − 2 000 = _____

9 000 − 3 000 = _____

5 000 − 1 500 = _____

2 900 −   400 = _____

200 000 +   7 000 = _____

300 000 +   500 = _____

800 000 +   12 000 = _____

500 000 + 300 000 = _____

300 000 − 200 000 = _____

480 000 − 400 000 = _____

875 000 −   5 000 = _____

853 800 − 100 000 = _____

2

210 000 + _____ =   410 000

505 000 + _____ =   510 000

800 000 + _____ = 1 000 000

720 000 + _____ =   800 000

340 000 − _____ = 320 000

900 000 − _____ = 860 000

563 000 − _____ = 561 000

855 000 − _____ = 755 000

STICKER

1   Immer zwei Muscheln ergeben zusammen 10 000.
Male jeweils in der gleichen Farbe an.

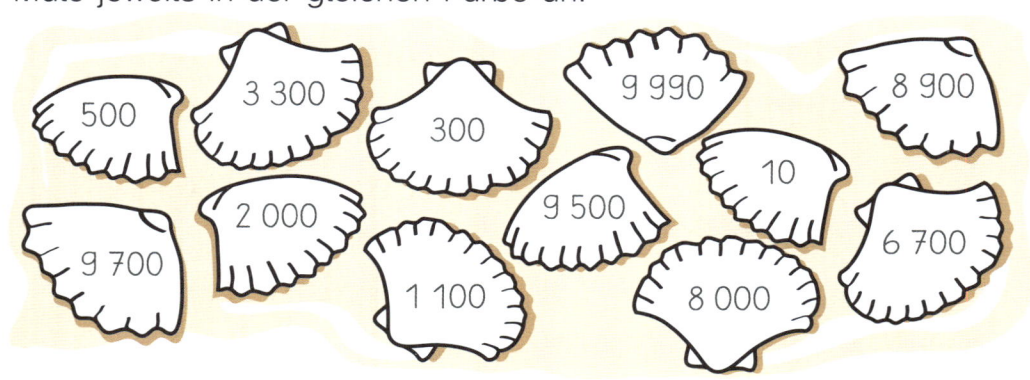

500   3 300   300   9 990   8 900   9 500   10   9 700   2 000   1 100   8 000   6 700

2

26 300	+	10 000	=	_____
311 700	+	200	=	_____
800 000	−	300 000	=	_____
630 000	−	20 000	=	_____
54 600	+	42 000	=	_____
_____	+	100 000	=	700 000
658 000	−	_____	=	358 000
_____	−	60 000	=	520 000

3

+	10	100	1 000	10 000
2 000				
54 000				
123 000				
90 300				
247				
340 800				

4 Immer zwei Fische ergeben zusammen 1 000 000.
Male jeweils in der gleichen Farbe an.

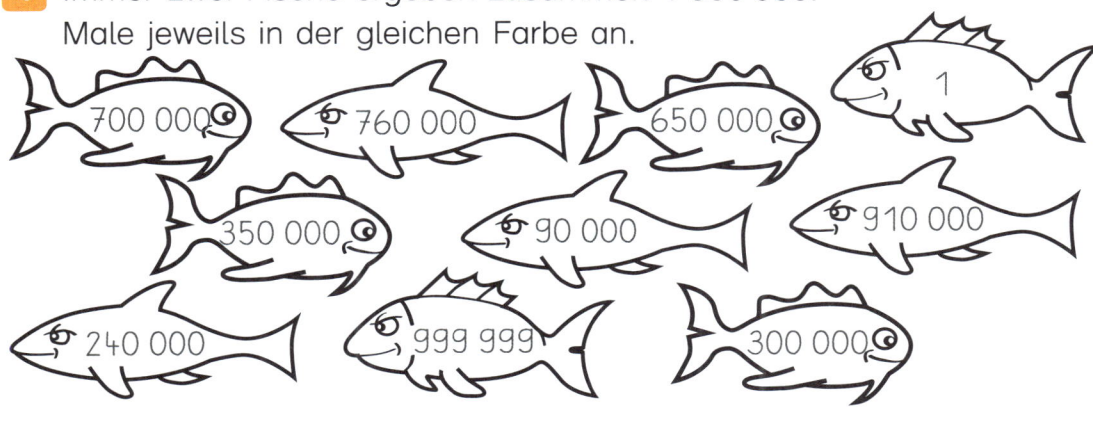

700 000   760 000   650 000   1

350 000   90 000   910 000

240 000   999 999   300 000

5

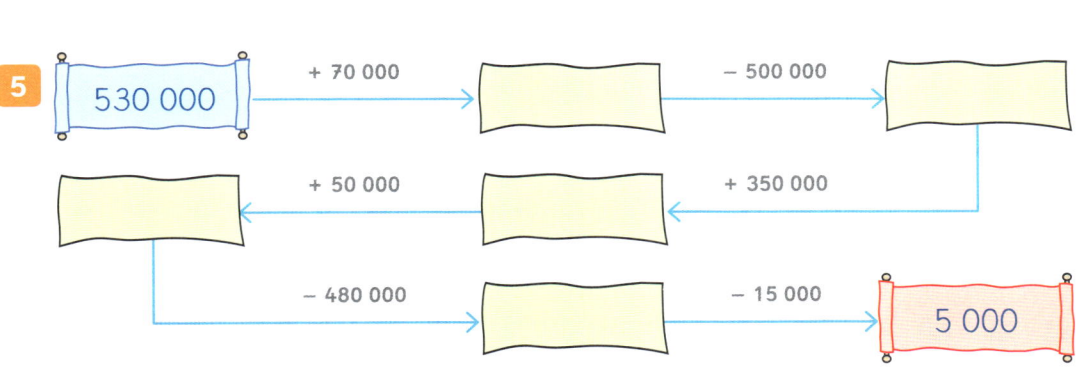

530 000   + 70 000 →   ← − 500 000

+ 50 000   + 350 000

− 480 000 →   − 15 000 →   5 000

6 Setze fort.

527 + 60 = _____   840 000 − 20 000 = _____

2 527 + 60 = _____   84 000 − 2 000 = _____

4 527 + 60 = _____   8 400 −   200 = _____

35 +   53 = _____

350 +   530 = _____

3 500 + 5 300 = _____

STICKER

1 Wie geht es weiter?

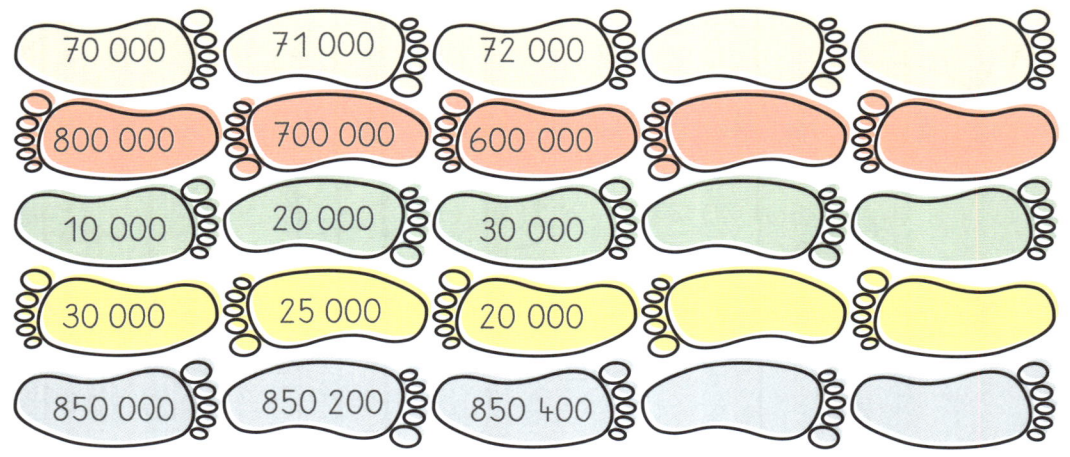

70 000   71 000   72 000

800 000   700 000   600 000

10 000   20 000   30 000

30 000   25 000   20 000

850 000   850 200   850 400

2 Rechne im Kopf, halbschriftlich oder schriftlich.

530 000 + 200 000 = _____

852 000 − 52 000 = _____

 47 600 + 58 900 = _____

643 110 − 100 000 = _____

750 000 − 310 000 = _____

480 399 +   2 000 = _____

 29 256 − 14 132 = _____

 12 222 + 38 519 = _____

1

3	5	1	8
+	1	2	6	1

	8	7	2	5
+	1	0	7	2

	4	4	4	4
+	2	5	0	1

	5	3	2	6
+		2	4	2

2

	2	7	4	3
+	1	2	1	8

	5	8	6	2
+	3	1	7	3

	2	9	4	4
+	5	6	3	5

mit Übertrag

3

	8	2	9	7
−	6	1	7	5

	3	9	2	1
−	1	9	1	0

	6	5	6	5
−	3	4	3	4

	9	8	3	8
−	6	0	2	7

4

	3	6	2	9
−	1	4	8	6

	8	5	5	8
−	2	9	3	1

	4	7	6	1
−	3	2	9	8

mit Übertrag

5

	6	2	8	0	5
+	1	7	1	8	3

	3	0	9	5	1	4
+	2	8	1	7	4	1

	7	2	2	8	3	4
+	1	3	9	2	6	2

	3	2	7	3	2
−	1	2	1	2	1

	8	8	8	3	3	3
−	1	5	5	5	5	1

STICKER

1 Bei den Ziffern   wird abgerundet,

               bei   wird aufgerundet.

2 Runde auf **Tausender**. An den Hundertern erkennst du, ob du auf- oder abrunden musst.

12 400 ≈ __12 000__	356 500 ≈ _____
78 654 ≈ _____	484 329 ≈ _____
26 817 ≈ _____	268 170 ≈ _____
67 105 ≈ _____	648 200 ≈ _____

3 Runde auf **Zehntausender**.
Achte auf den Tausender.

37 840 ≈ __40 000__	282 282 ≈ _____
63 598 ≈ _____	706 310 ≈ _____
42 760 ≈ _____	194 666 ≈ _____
85 146 ≈ _____	767 600 ≈ _____

4 Runde auf **Hunderttausender**.
Achte auf den Zehntausender.

453 000 ≈ _____	914 000 ≈ _____
839 000 ≈ _____	289 800 ≈ _____
657 000 ≈ _____	333 000 ≈ _____
718 000 ≈ _____	551 550 ≈ _____

1 Auf welches Schiff müssen die Kisten verladen werden?
Überschlage. Wie groß ist das Ergebnis ungefähr? Male passend an.

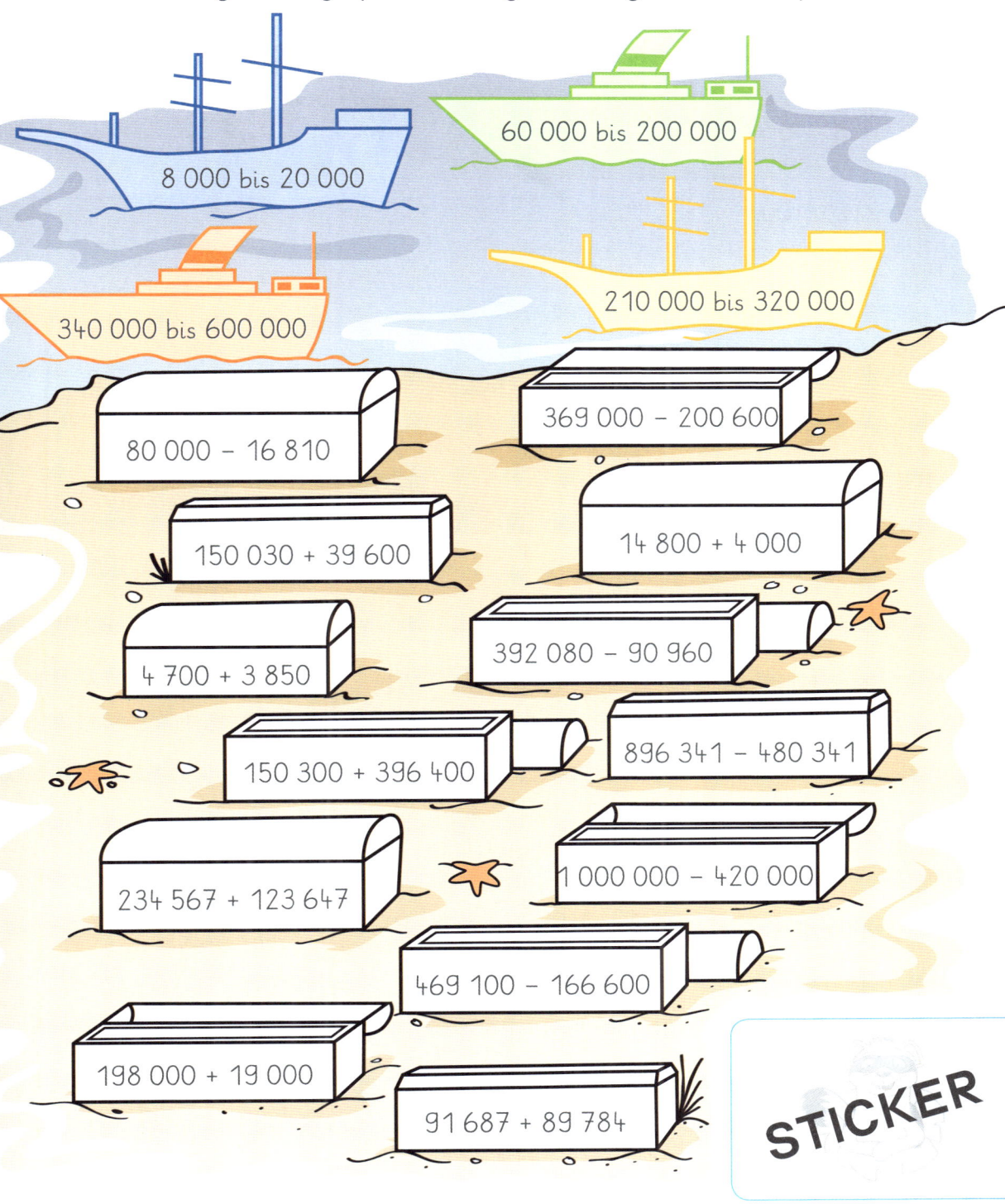

8 000 bis 20 000

60 000 bis 200 000

340 000 bis 600 000

210 000 bis 320 000

80 000 – 16 810

369 000 – 200 600

150 030 + 39 600

14 800 + 4 000

4 700 + 3 850

392 080 – 90 960

150 300 + 396 400

896 341 – 480 341

234 567 + 123 647

1 000 000 – 420 000

469 100 – 166 600

198 000 + 19 000

91 687 + 89 784

STICKER

1

$9 \cdot 10 =$ _____ 90

$19 \cdot 10 =$ _____

$40 \cdot 10 =$ _____

$400 \cdot 10 =$ _____

$76 \cdot 10 =$ _____

eine Null dran …

2

$12 \cdot 100 =$ _____ 1 200

$330 \cdot 100 =$ _____

$480 \cdot 100 =$ _____

$2\,480 \cdot 100 =$ _____

$700 \cdot 100 =$ _____

zwei Nullen dran …

3

·	4	20	200	3 000
3				
30				
6				
40				

4 Male Aufgabe und Ergebnis gleich an.

1 600

$70 \cdot 40$

16 000

$90 \cdot 9\,000$

2 800

21 000

$10 \cdot 160$

$70 \cdot 300$

24 000

$40 \cdot 600$

8 10 000

$800 \cdot 20$

Liebe Eltern, liebe Lehrerinnen und Lehrer,

die Zahlenzorro-Heftreihe bietet eine lehrwerksunabhängige Möglichkeit, die Lerninhalte des Faches Mathematik der Klassenstufen 1 bis 4 selbstständig zu üben und zu vertiefen. Differenzierend und selbsterklärend angelegt, eignen sich die Hefte als Zusatzmaterial im Unterricht, in Förder- und Fordergruppen oder auch für das Üben am Nachmittag.

Konzipiert auf drei verschiedenen Niveaustufen, kann je nach individuellem Lernstand und Bedürfnis der Schülerinnen und Schüler das entsprechende Heft ausgewählt werden. Jedes Heft deckt dabei die wesentlichen Lehrplaninhalte ab. So ist der Unterrichtsstoff einer Klassenstufe alternativ entweder als Basisheft, Förderheft oder Forderheft erhältlich:

Die **Basishefte** beinhalten den kompletten Lernstoff einer Klassenstufe. Ihre Aufgaben entsprechen vom Niveau einem normalen, mittleren Schwierigkeitsgrad. Gibt es zu einem Aufgabenbereich weiterführende, kniffligere Aufgaben, werden sie durch das Symbol der **„Zorro-Maske"** gekennzeichnet, welches dann vor der Aufgabe steht.

Die **Förderhefte** richten ihren Fokus auf die strukturierte Erarbeitung von Grundaufgaben, die verstärkt veranschaulicht werden sowie auf das gezielte Üben von Rechenwegen. Grundlegende Verfahren und Inhalte erhalten somit besonders viel Raum, wobei dennoch alle erforderlichen Lernbereiche abgedeckt werden. Auf anspruchsvolle und knifflige Zusatzaufgaben wird in diesen Heften aber verzichtet.

Die **Forderhefte** enthalten gezielt anspruchsvollere Aufgaben zum Weiterdenken und Knobeln und regen dadurch in besonderem Maß zum kreativen Problemlösen an. Sie verzichten auf das ausgiebige Erarbeiten kleinschrittiger Rechenwege und fordern die Kinder dazu heraus, den für sie und die jeweilige Aufgabe besten Weg zur Lösung selbst zu wählen und zu finden. Auch hier werden die verschiedenen Lerninhalte des Lehrplans behandelt, aber durchgehend auf einem erhöhten Niveau.

ZAHLENZORRO
Das Heft

S. 5   S. 7   S. 9

S. 11   S. 13   S. 15

S. 17   S. 19   S. 21

S. 23   S. 25   S. 27

S. 29   S. 31   S. 33

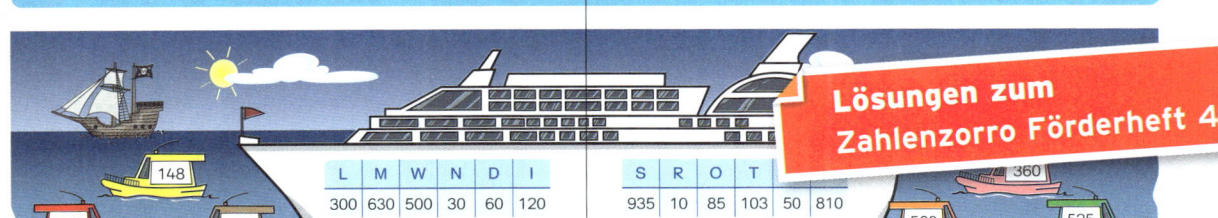

L	M	W	N	D	I		S	R	O	T	
300	630	500	30	60	120		935	10	85	103	50	810

148 770 680 360 568 525

1 Rechne und trage die Lösungsbuchstaben aus dem Kreuzfahrtschiff ein.

300 + 200 = 500 W
40 + 80 = 120 I
120 + 180 = 300 L
130 + 170 = 300 L
505 + 305 = 810 K
25 + 60 = 85 O
607 + 23 = 630 M
215 + 415 = 630 M
25 + 25 = 50 E
14 + 16 = 30 N

4 · 30 = 120 I
15 · 2 = 30 N

240 : 4 = 60 D
100 : 2 = 50 E
80 : 8 = 10 R

700 − 70 = 630 M
100 − 50 = 50 E
860 − 810 = 50 E
700 − 690 = 10 R
180 − 130 = 50 E
940 − 5 = 935 S
1 000 − 500 = 500 W
90 − 40 = 50 E
610 − 310 = 300 L
206 − 103 = 103 T

480 + 45 = 525

2 Rechne und male in den Farben der Boote an.

988 − 840 = 148

579 − 431 = 148

312 + 256 = 568

230 + 540 = 770

800 − 120 = 680

897 − 217 = 680

139 + 9 = 148

420 + 260 = 680

6 · 60 = 360

40 · 9 = 360

133 + 435 = 568

1

451 + 342	856 + 130	276 + 423	186 + 612	433 + 344
793	986	699	798	777

4

687 − 162	345 − 230	736 − 514	258 − 142	469 − 222
525	115	222	116	247

2 Immer zwei Aufgaben haben dasselbe Ergebnis. Unterstreiche die Ergebnisse in derselben Farbe.

268 + 311	405 + 572	318 + 130	266 + 313	57 + 712
579	977	448	579	769

635 + 203	125 + 323	214 + 763	722 + 47	423 + 415
838	448	977	769	838

5 Subtrahiere schriftlich.

582 − 231

H	Z	E
5	8	2
− 2	3	1
3	5	1

649 − 418

H	Z	E
6	4	9
− 4	1	8
2	3	1

299 − 151

H	Z	E
2	9	9
− 1	5	1
1	4	8

347 − 25

H	Z	E
3	4	7
−	2	5
3	2	2

767 − 247

H	Z	E
7	6	7
− 2	4	7
5	2	0

358 − 212

H	Z	E
3	5	8
− 2	1	2
1	4	6

598 − 561

H	Z	E
5	9	8
− 5	6	1
	3	7

873 − 262

H	Z	E
8	7	3
− 2	6	2
6	1	1

3

287 + 115	329 + 424	618 + 254	563 + 162	134 + 385
402	753	872	725	519

462 + 157	353 + 285
619	638

Bei dieser Aufgabe gibt es immer mindestens einen Übertrag

428 + 175	527 + 88
603	615

6

564 − 235	392 − 186	451 − 138	627 − 475	982 − 737
329	206	313	152	245

350 − 218	466 − 281	953 − 892
132	185	61

Übertrag

STICKER

6 Halbschriftliches Multiplizieren

1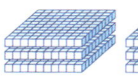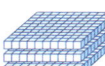

$2 \cdot 3 = \underline{6}$ $2 \cdot 30 = \underline{60}$ $2 \cdot 300 = \underline{600}$

2
$2 \cdot 2 = \underline{4}$ $3 \cdot 2 = \underline{6}$ $3 \cdot 3 = \underline{9}$
$2 \cdot 20 = \underline{40}$ $3 \cdot 20 = \underline{60}$ $3 \cdot 30 = \underline{90}$
$2 \cdot 200 = \underline{400}$ $3 \cdot 200 = \underline{600}$ $3 \cdot 300 = \underline{900}$
$20 \cdot 2 = \underline{40}$ $30 \cdot 2 = \underline{60}$ $30 \cdot 3 = \underline{90}$
$20 \cdot 20 = \underline{400}$ $30 \cdot 20 = \underline{600}$ $30 \cdot 30 = \underline{900}$

$2 \cdot 4 = \underline{8}$ $2 \cdot 5 = \underline{10}$ $5 \cdot 2 = \underline{10}$
$2 \cdot 40 = \underline{80}$ $2 \cdot 50 = \underline{100}$ $5 \cdot 20 = \underline{100}$
$2 \cdot 400 = \underline{800}$ $2 \cdot 500 = \underline{1000}$ $5 \cdot 200 = \underline{1000}$
$20 \cdot 4 = \underline{80}$ $20 \cdot 5 = \underline{100}$ $50 \cdot 2 = \underline{100}$
$20 \cdot 40 = \underline{800}$ $20 \cdot 50 = \underline{1000}$ $50 \cdot 20 = \underline{1000}$

3 Immer drei Aufgaben gehören zusammen. Male passend an.

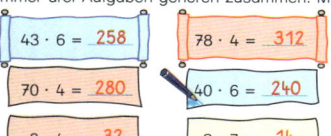

$43 \cdot 6 = \underline{258}$ $78 \cdot 4 = \underline{312}$ $52 \cdot 7 = \underline{364}$
$70 \cdot 4 = \underline{280}$ $40 \cdot 6 = \underline{240}$ $50 \cdot 7 = \underline{350}$
$8 \cdot 4 = \underline{32}$ $2 \cdot 7 = \underline{14}$ $3 \cdot 6 = \underline{18}$

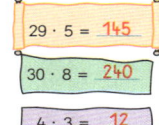
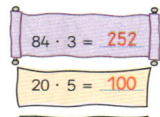

$36 \cdot 8 = \underline{288}$ $29 \cdot 5 = \underline{145}$ $84 \cdot 3 = \underline{252}$
$80 \cdot 3 = \underline{240}$ $30 \cdot 8 = \underline{240}$ $20 \cdot 5 = \underline{100}$
$9 \cdot 5 = \underline{45}$ $4 \cdot 3 = \underline{12}$ $6 \cdot 8 = \underline{48}$

4 Rechne auf deinem Weg.

Ich rechne so:

$5 \cdot 12 = \underline{60}$

$4 \cdot 23 = \underline{92}$

$4 \cdot 20 = 80$
$4 \cdot 3 = 12$

$3 \cdot 36 = \underline{108}$

$5 \cdot 62 = \underline{310}$

$6 \cdot 99 = \underline{594}$

$4 \cdot 221 = \underline{884}$

$3 \cdot 235 = \underline{705}$

STICKER

---

8 Halbschriftliches Dividieren

1

:	2	20	4	40
40	20	2	10	1
80	40	4	20	2
120	60	6	30	3
200	100	10	50	5

:	4	40	8	80
80	20	2	10	1
160	40	4	20	2
240	60	6	30	3
400	100	10	50	5

:	3	30	6	60
60	20	2	10	1
120	40	4	20	2
300	100	10	50	5
600	200	20	100	10

:	3	30	5	50
150	50	5	30	3
300	100	10	60	6
450	150	15	90	9
600	200	20	120	12

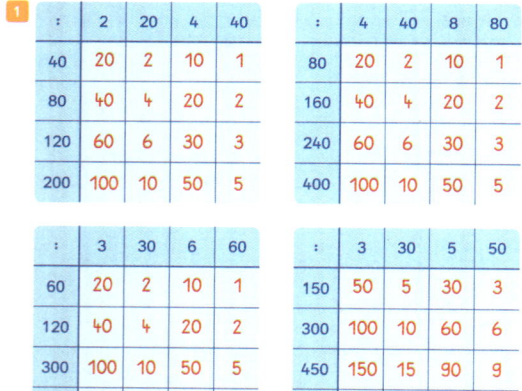
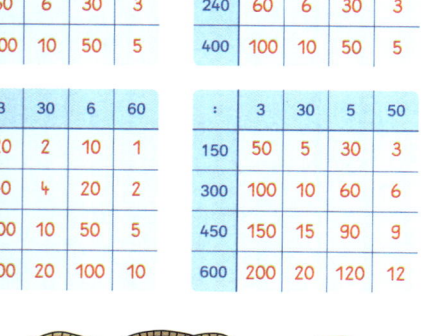

2
$27 : 3 = \underline{9}$ $24 : 4 = \underline{6}$ $35 : 5 = \underline{7}$
$27 : 9 = \underline{3}$ $24 : 6 = \underline{4}$ $35 : 7 = \underline{5}$

$270 : 3 = \underline{90}$ $240 : 4 = \underline{60}$ $350 : 5 = \underline{70}$
$270 : 9 = \underline{30}$ $240 : 6 = \underline{40}$ $350 : 7 = \underline{50}$

$270 : 30 = \underline{9}$ $240 : 40 = \underline{6}$ $350 : 50 = \underline{7}$
$270 : 90 = \underline{3}$ $240 : 60 = \underline{4}$ $350 : 70 = \underline{5}$

3 Rechne auf deinem Weg.

Ich rechne so:

$48 : 4 = \underline{12}$ $40 : 4$

$78 : 6 = \underline{13}$

$60 : 6 = 10$
$18 : 6 = 3$

$64 : 4 = \underline{16}$ $40 : 4$

$245 : 5 = \underline{49}$ $200 : 5$

$306 : 6 = \underline{51}$ $300 : 6$

$612 : 4 = \underline{153}$ $400 : 4$

$427 : 7 = \underline{61}$ $350 : 7$

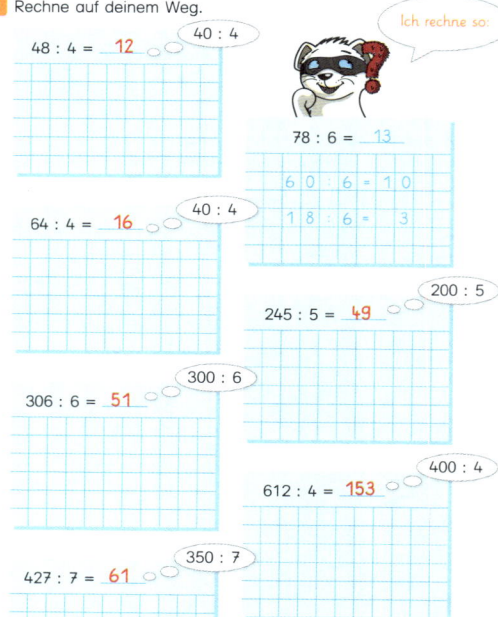

STICKER

1 Die Piraten Tarip und Tira segeln mit ihrem Schiff von Insel zu Insel, um den vergrabenen Goldschatz zu finden. Sie starten auf der Piraten-Insel. Ergänze die fehlenden Angaben. Folge der Pfeilrichtung.

Piraten-Insel	→	Südsee-Insel	207 km

Piraten-Insel ⟶ Hai-Insel: 54 km
Hai-Insel ⟶ Palmen-Insel 45 km
Palmen-Insel ⟶ Südsee-Insel: _108_ km
insgesamt: 54 km + 45 km + _108_ km = 207 km

Südsee-Insel	→	Piraten-Insel	217 km

Südsee-Insel ⟶ einsame Insel: _67_ km
einsame Insel ⟶ Piraten-Insel: _150_ km
insgesamt: 67 km + _150_ km = 217 km

2

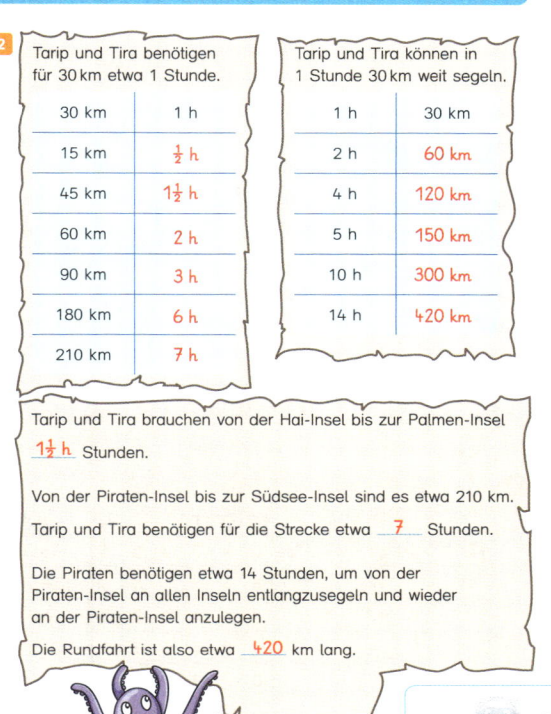

Tarip und Tira benötigen für 30 km etwa 1 Stunde.	
30 km	1 h
15 km	$\frac{1}{2}$ h
45 km	$1\frac{1}{2}$ h
60 km	2 h
90 km	3 h
180 km	6 h
210 km	7 h

Tarip und Tira können in 1 Stunde 30 km weit segeln.	
1 h	30 km
2 h	60 km
4 h	120 km
5 h	150 km
10 h	300 km
14 h	420 km

Tarip und Tira brauchen von der Hai-Insel bis zur Palmen-Insel _$1\frac{1}{2}$ h_ Stunden.

Von der Piraten-Insel bis zur Südsee-Insel sind es etwa 210 km.

Tarip und Tira benötigen für die Strecke etwa _7_ Stunden.

Die Piraten benötigen etwa 14 Stunden, um von der Piraten-Insel an allen Inseln entlangzusegeln und wieder an der Piraten-Insel anzulegen.

Die Rundfahrt ist also etwa _420_ km lang.

STICKER

---

1 Welche Insel hat die größere Fläche? Bestimme die Anzahl der Zentimeterquadrate.

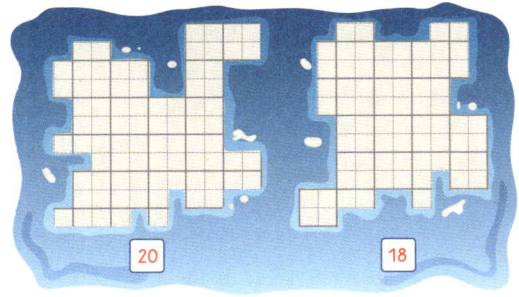

20   18

2 Immer zwei Figuren haben den gleichen Flächeninhalt. Bestimme die Anzahl der Zentimeterquadrate und male passend an.

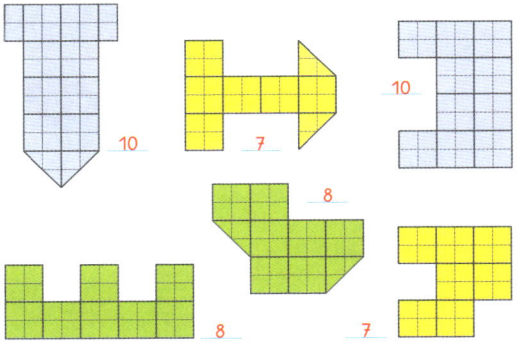

10   10   7   8   8   7

---

1 Miss alle Strecken einer Figur. Berechne jeweils den Umfang.

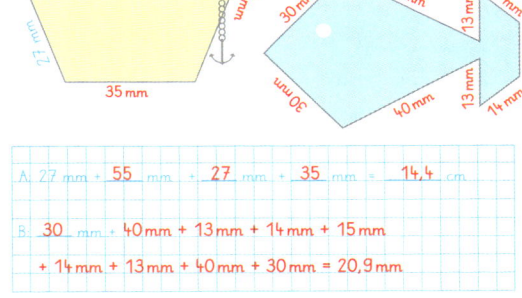

A 27 mm + _55_ mm + _27_ mm + _35_ mm = _14,4_ cm

B 30 mm + 40 mm + 13 mm + 14 mm + 15 mm
+ 14 mm + 13 mm + 40 mm + 30 mm = 20,9 mm

2 Zeichne die Zentimeterquadrate ein. Miss den Umfang.

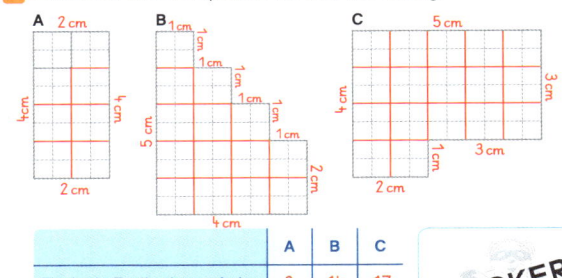

	A	B	C
Fläche in Zentimeterquadraten	8	14	17
Umfang in Zentimetern	12	18	18

STICKER

Tausender   Hunderter   — Zehner   · Einer

1 Trage ein. Schreibe die Zahl.

An manchen Stellen steht eine Null!

T	H	Z	E
3	0	4	5

3 045

T	H	Z	E
3	2	3	8

3 238

T	H	Z	E
4	0	8	5

4 085

T	H	Z	E
1	4	0	3

1 403

2 Ordne in die Stellentafel ein. Schreibe die Zahl.

	HT	ZT	T	H	Z	E	Zahl
4ZT 3T 2H 5Z 1E	0	4	3	2	5	1	43 251
8T 5H 8Z 3ZT 8HT	8	3	8	5	8	0	838 580
6ZT 4T 9Z 3E	0	6	4	0	9	3	64 093
5H 2HT 3T 7Z 9E	2	0	3	5	7	9	203 579
2E 5ZT 1T 4H	0	5	1	4	0	2	51 402
1ZT 7E 1Z	0	1	0	0	1	7	10 017
6T 4H 4Z	0	0	6	4	4	0	6 440
3HT 5T 3E 7H	3	0	5	7	0	3	305 703

3 Wie heißt die Zahl?

80 000   4   300

50   1 000

80 000
1 000
300
50
4

81 354

4 Welche Zahlen kannst du aus den Zahlenkarten bilden? Verbinde.

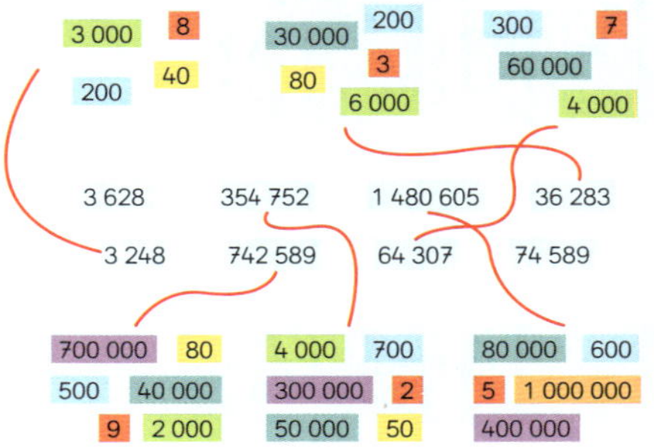

3 000   8   30 000   200   300   7

200   40   80   3   60 000

6 000   4 000

Zwei Zahlen bleiben übrig

3 628   354 752   1 480 605   36 283

3 248   742 589   64 307   74 589

700 000   80   4 000   700   80 000   600

500   40 000   300 000   2   5   1 000 000

9   2 000   50 000   50   400 000

5

4 000 + 800 + 20 + 4 = 4 824   2 000 + 700 + 6 = 2 706

7 000 + 100 + 50 + 3 = 7 153   9 000 + 30 + 5 = 9 035

1 000 + 400 + 70 + 9 = 1 479   6 000 + 300 + 5 = 6 305

3 000 + 200 + 10 + 1 = 3 211   1 000 + 200 + 10 = 1 210

5 000 + 600 + 80 + 4 = 5 684

8 000 + 700 + 70 + 5 = 8 765

4 000 + 100 + 50 + 1 = 4 151

9 000 + 800 + 70 + 6 = 9 876

STICKER

---

1 Lies die Zahl. Streiche die falsche durch.

zweitausendvierhundert   ~~2 040~~   2 400

neuntausend   ~~90 000~~   9 000

sechstausendacht   6 008   ~~6 800~~

viertausenddreihunderteinundzwanzig   ~~4 000 321~~   4 321

fünftausendfünfundsiebzig   ~~5 570~~   5 075

vierundsechzigtausenddreihundertzwölf   64 312   ~~640 312~~

dreihundertneunzigtausend   ~~93 000~~   390 000

achtundvierzigtausendeinhundertelf   ~~480 111~~   48 111

zweihunderttausendzwei   200 002   ~~22 002~~

2 Zahl gesucht.

Die Zahl hat 6 Einer, 7 Zehner, 8 Hunderter und 9 Tausender.

9	8	7	6
T	H	Z	E

Die Zahl hat 8 Hunderter, 4 Zehner, 6 Tausender und 3 Zehntausender.

3	6	8	4	0
ZT	T	H	Z	E

Die Zahl hat 4 Zehntausender, 5 Einer, 2 Hunderter, 7 Zehner und 3 Tausender.

4   3   2   7   5

Die Zahl hat 4 Tausender, 5 Hunderter, 6 Zehntausender, 7 Zehner, 8 Hunderttausender und 9 Einer.

8   6   4   5   7   9

3 Ordne die Zahlen. Beginne mit der kleinsten Zahl.

54 631   32 604   78 453   762 211   78 435   328 176   46 937

3.   1.   5.   7.   4.   6.   2.

4 Bilde mit den Ziffernkarten eine möglichst kleine und eine möglichst große Zahl.

	kleine Zahl	große Zahl
7 5 4 3	3 457	7 543
4 8 2 1 6	12 468	86 421
3 9 1 5 7	13 579	97 531
2 3 1 6 5 4	123 456	654 321

(Es sind auch andere Lösungen möglich.)

5 Zerlege die Zahlen.

9 328 = 9 T 3 H 2 Z 8 E

26 432 = 2 ZT 6 T 4 H 3 Z 2 E

45 050 = 4 ZT 5 T 0 H 5 Z 0 E

64 527 = 5 H 4 T 6 ZT 2 Z 7 E

30 681 = 0 T 3 ZT 1 E 8 Z 6 H

513 264 = 5 HT 3 T 1 ZT 2 H 4 E 6 Z

Aufgepasst!

6

4 367 = 4 000 + 300 + 60 + 7

420 420 = 400 000 + 20 000 + 400 + 20

426 758 = 400 000 + 20 000 + 6 000 + 700 + 50 + 8

888 888 = 800 000 + 80 000 + 8 000 + 800 + 80 + 8

78 110 = 70 000 + 8 000 + 100 + 10

20 420 = 20 000 + 400 + 20

12 834 = 10 000 + 2 000 + 800 + 30 + 4

12 034 = 10 000 + 2 000 + 30 + 4

12 804 = 10 000 + 2 000 + 800 + 4

STICKER

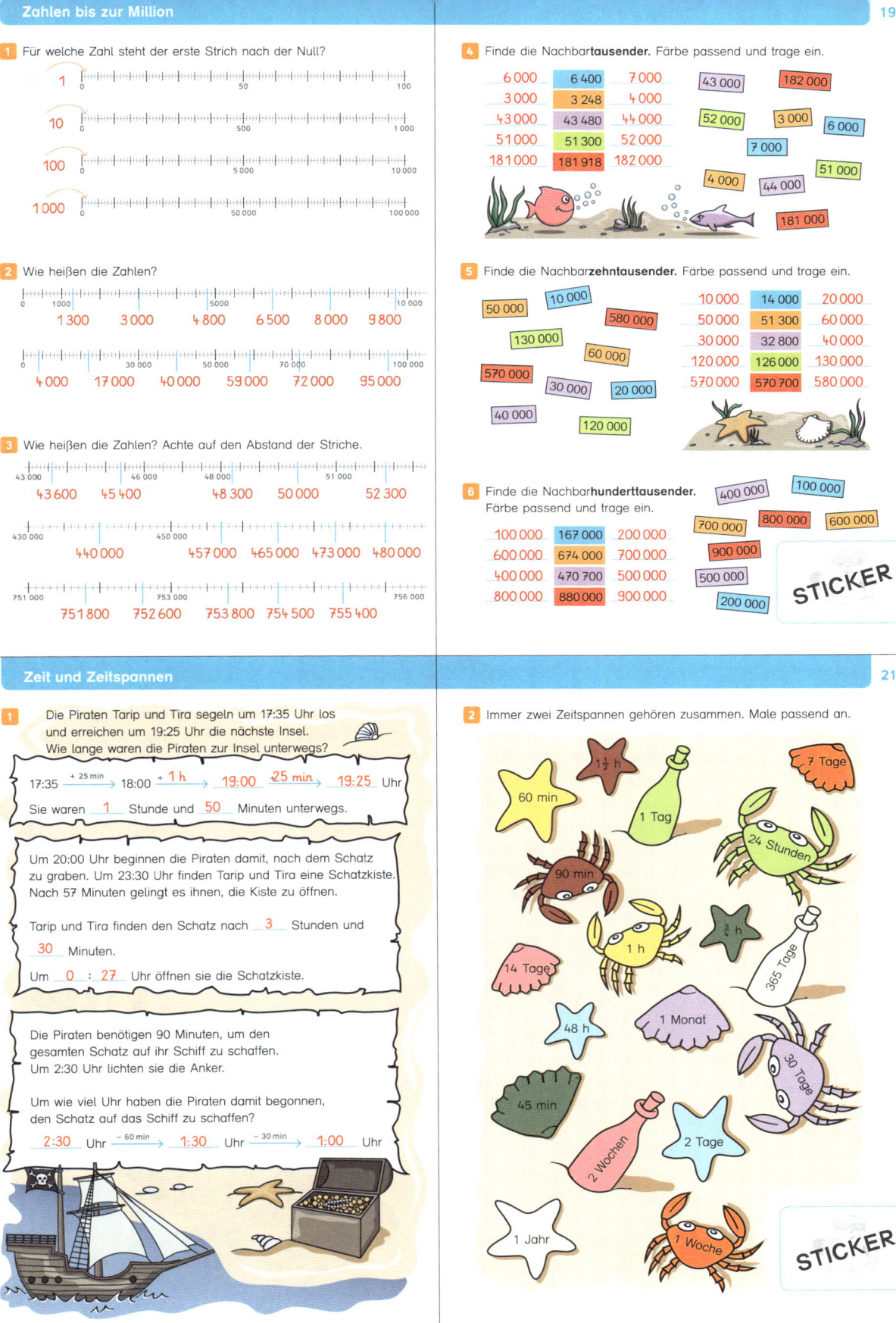

1 Für welche Zahl steht der erste Strich nach der Null?

1 — 0 ... 50 ... 100
10 — 0 ... 500 ... 1 000
100 — 0 ... 5 000 ... 10 000
1 000 — 0 ... 50 000 ... 100 000

2 Wie heißen die Zahlen?

0 ... 1 000 ... 5000 ... 10 000
1 300   3 000   4 800   6 500   8 000   9 800

0 ... 30 000 ... 50 000 ... 70 000 ... 100 000
4 000   17 000   40 000   59 000   72 000   95 000

3 Wie heißen die Zahlen? Achte auf den Abstand der Striche.

43 000   46 000   48 000   51 000
43 600   45 400   48 300   50 000   52 300

430 000   450 000
440 000   457 000   465 000   473 000   480 000

751 000   753 000   756 000
751 800   752 600   753 800   754 500   755 400

4 Finde die Nachbar**tausender**. Färbe passend und trage ein.

6 000 _____ 6 400 _____ 7 000
3 000 _____ 3 248 _____ 4 000
43 000 _____ 43 480 _____ 44 000
51 000 _____ 51 300 _____ 52 000
181 000 _____ 181 918 _____ 182 000

43 000   182 000   52 000   3 000   6 000   7 000   51 000   4 000   44 000   181 000

5 Finde die Nachbar**zehntausender**. Färbe passend und trage ein.

50 000   10 000   580 000
130 000   60 000
570 000   30 000   20 000
40 000   120 000

10 000 _____ 14 000 _____ 20 000
50 000 _____ 51 300 _____ 60 000
30 000 _____ 32 800 _____ 40 000
120 000 _____ 126 000 _____ 130 000
570 000 _____ 570 700 _____ 580 000

6 Finde die Nachbar**hunderttausender**. Färbe passend und trage ein.

100 000 _____ 167 000 _____ 200 000
600 000 _____ 674 000 _____ 700 000
400 000 _____ 470 700 _____ 500 000
800 000 _____ 880 000 _____ 900 000

400 000   100 000   700 000   800 000   600 000   900 000   500 000   200 000

STICKER

1 Die Piraten Tarip und Tira segeln um 17:35 Uhr los und erreichen um 19:25 Uhr die nächste Insel. Wie lange waren die Piraten zur Insel unterwegs?

17:35 —+ 25 min→ 18:00 —+ 1 h→ 19:00 —25 min→ 19:25 Uhr

Sie waren __1__ Stunde und __50__ Minuten unterwegs.

Um 20:00 Uhr beginnen die Piraten damit, nach dem Schatz zu graben. Um 23:30 Uhr finden Tarip und Tira eine Schatzkiste. Nach 57 Minuten gelingt es ihnen, die Kiste zu öffnen.

Tarip und Tira finden den Schatz nach __3__ Stunden und __30__ Minuten.

Um __0__ : __27__ Uhr öffnen sie die Schatzkiste.

Die Piraten benötigen 90 Minuten, um den gesamten Schatz auf ihr Schiff zu schaffen. Um 2:30 Uhr lichten sie die Anker.

Um wie viel Uhr haben die Piraten damit begonnen, den Schatz auf das Schiff zu schaffen?

2:30 Uhr —− 60 min→ 1:30 Uhr —− 30 min→ 1:00 Uhr

2 Immer zwei Zeitspannen gehören zusammen. Male passend an.

$1\frac{1}{2}$ h   7 Tage   60 min   1 Tag   24 Stunden   90 min $\frac{3}{4}$ h   1 h   365 Tage   14 Tage   1 Monat   48 h   30 Tage   45 min   2 Wochen   2 Tage   1 Jahr   1 Woche

STICKER

1 Die Meeresbiologen schreiben auf, wie lange sie getaucht sind. Ergänze die Tabelle.

60 Sekunden sind eine Minute.

Name	Zeit in Minuten	Zeit in Sekunden
Peter	1 min	60 s
Petra	$\frac{1}{2}$ min	30 s
Simone	2 min	120 s
Michael	$3\frac{1}{2}$ min	210 s
Carlos	3 min	180 s
Nina	2 min 17 s	137 s

2 Die Meeresbiologen schreiben auf, wie lange sie schon unterwegs gewesen sind. Ergänze die Tabelle.

Tag	Startzeit	Ankunft	Fahrzeit in Stunden und Minuten	Fahrzeit in Minuten
Montag	07:29	16:39	9 h 10 min	550 min
Dienstag	21:47	04:47	7 h 0 min	420 min
Mittwoch	09:18	10:38	1 h 20 min	80 min

Wie lange waren die Meeresbiologen insgesamt unterwegs?

```
9h + 7h + 1h = 17h              5 5 0
10 min + 20 min = 30 min        4 2 0
17h + 30 min = 17h 30 min     + 1 8 0
                              1 0 5 0
```

Sie waren __17__ Stunden und __30__ Minuten unterwegs.

Das sind insgesamt __1050__ Minuten.

3 Die Meeresbiologen vergleichen vor dem Tauchgang die Uhrzeiten auf ihren Armbanduhren.

Wie spät ist es auf die Sekunde genau? Schreibe auf.
Es gibt jeweils zwei Möglichkeiten.

Michael
__5:05__ Uhr und __35__ Sekunden
__17:05__ Uhr und __35__ Sekunden

Simone
__5:05__ Uhr und __50__ Sekunden
__17:05__ Uhr und __50__ Sekunden

Laura
__8:15__ Uhr und __30__ Sekunden
__20:15__ Uhr und __30__ Sekunden

Finn
__8:15 (8:14)__ Uhr und __55__ Sekunden
__8:15 (8:14)__ Uhr und __55__ Sekunden

Marie
__12:24__ Uhr und __45__ Sekunden
__0:24__ Uhr und __45__ Sekunden

Noah
__12:25__ Uhr und __54__ Sekunden
__0:25__ Uhr und __54__ Sekunden

STICKER

1

4 + 3 = **7**	9 − 8 = **1**
40 + 30 = **70**	90 − 80 = **10**
400 + 300 = **700**	900 − 800 = **100**
4 000 + 3 000 = **7 000**	9 000 − 8 000 = **1 000**

8 + 6 = **14**	15 − 6 = **9**
80 + 60 = **140**	150 − 60 = **90**
800 + 600 = **1 400**	1500 − 600 = **900**
8 000 + 6 000 = **14 000**	15 000 − 6 000 = **9 000**

2

7 + 6 = **13**	11 − 5 = **6**
700 + 600 = **1 300**	1 100 − 500 = **600**
5 + 8 = **13**	17 − 9 = **8**
50 000 + 80 000 = **130 000**	170 000 − 90 000 = **80 000**
47 + 21 = **68**	52 − 25 = **27**
4 700 + 2 100 = **6 800**	520 − 250 = **270**
260 + 130 = **390**	81 − 12 = **69**
260 000 + 130 000 = **390 000**	81 000 − 12 000 = **69 000**
3 + 9 = **12**	34 − 8 = **26**
3 000 + 9 000 = **12 000**	340 − 80 = **260**
670 + 230 = **900**	550 − 140 = **410**
670 000 + 230 000 = **900 000**	550 000 − 140 000 = **410 000**

1

4 000 + 2 000 = **6 000**	200 000 + 7 000 = **207 000**
8 200 + 1 400 = **9 600**	300 000 + 500 = **300 500**
2 450 + 4 000 = **6 450**	800 000 + 12 000 = **812 000**
3 700 + 5 100 = **8 800**	500 000 + 300 000 = **800 000**

7 300 − 2 000 = **5 300**	300 000 − 200 000 = **100 000**
9 000 − 3 000 = **6 000**	480 000 − 400 000 = **80 000**
5 000 − 1 500 = **3 500**	875 000 − 5 000 = **870 000**
2 900 − 400 = **2 500**	853 800 − 100 000 = **753 800**

2

210 000 + **200 000** = 410 000	
505 000 + **5 000** = 510 000	
800 000 + **200 000** = 1 000 000	
720 000 + **80 000** = 800 000	
340 000 − **20 000** = 320 000	
900 000 − **40 000** = 860 000	
563 000 − **2 000** = 561 000	
855 000 − **100 000** = 755 000	

STICKER

1 Immer zwei Muscheln ergeben zusammen 10 000.
Male jeweils in der gleichen Farbe an.

500 | 3 300 | 300 | 9 990 | 8 900
9 700 | 2 000 | 9 500 | 10 | 6 700
1 100 | 8 000

2

26 300	+	10 000	=	36 300
311 700	+	200	=	311 900
800 000	−	300 000	=	500 000
630 000	−	20 000	=	610 000
54 600	+	42 000	=	96 600
600 000	+	100 000	=	700 000
658 000	−	300 000	=	358 000
580 000	−	60 000	=	520 000

3

+	10	100	1 000	10 000
2 000	2 010	2 100	3 000	12 000
54 000	54 010	54 100	55 000	64 000
123 000	123 010	123 100	124 000	133 000
90 300	90 310	90 400	91 300	100 300
247	257	347	1 247	10 247
340 800	340 810	340 900	341 800	350 800

4 Immer zwei Fische ergeben zusammen 1 000 000.
Male jeweils in der gleichen Farbe an.

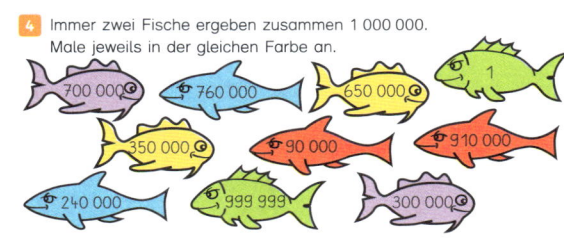

700 000 | 760 000 | 650 000 | 1
350 000 | 90 000 | 910 000
240 000 | 999 999 | 300 000

5

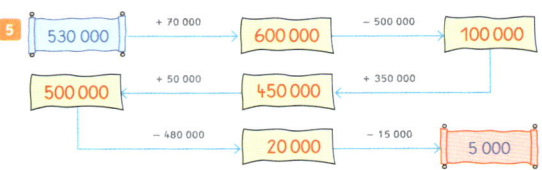

530 000 → (+ 70 000) → 600 000 → (− 500 000) → 100 000
500 000 ← (+ 50 000) ← 450 000 ← (+ 350 000)
(− 480 000) → 20 000 → (− 15 000) → 5 000

6 Setze fort.

527 + 60 =	587	
2 527 + 60 =	2 587	
4 527 + 60 =	4 587	
6 527 + 60 =	6 587	
8 527 + 60 =	8 587	

840 000 − 20 000 =	820 000	
84 000 − 2 000 =	82 000	
8 400 − 200 =	8 200	
840 − 20 =	820	
84 − 2 =	82	

35 + 53 = 88
350 + 530 = 880
3 500 + 5 300 = 8 800
35 000 + 53 000 = 88 000
350 000 + 530 000 = 880 000

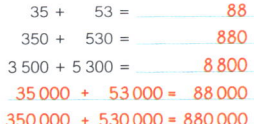

STICKER

---

1 Wie geht es weiter?

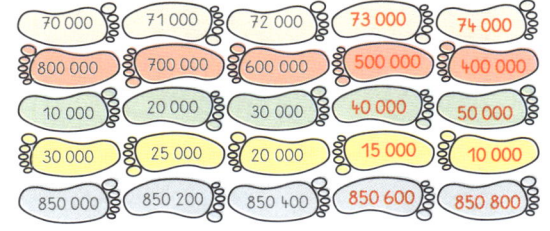

70 000 | 71 000 | 72 000 | 73 000 | 74 000
800 000 | 700 000 | 600 000 | 500 000 | 400 000
10 000 | 20 000 | 30 000 | 40 000 | 50 000
30 000 | 25 000 | 20 000 | 15 000 | 10 000
850 000 | 850 200 | 850 400 | 850 600 | 850 800

2 Rechne im Kopf, halbschriftlich oder schriftlich.

530 000 + 200 000 =	730 000
852 000 − 52 000 =	800 000
47 600 + 58 900 =	106 500
643 110 − 100 000 =	543 110
750 000 − 310 000 =	440 000
480 399 + 2 000 =	482 399
29 256 − 14 132 =	15 124
12 222 + 38 519 =	50 741

```
    4 7 6 0 0        2 9 2 5 6        1 2 2 2 2 2
  + 5 8 9 0 0      − 1 4 1 3 2      +   3 8 5 1 9
      1 1                               1   1
  1 0 6 5 0 0        1 5 1 2 4        1 6 0 7 4 1
```

1
```
    3 5 1 8        8 7 2 5        4 4 4 4        5 3 2 6
  + 1 2 6 1      + 1 0 7 2      + 2 5 0 1      +   2 4 2
    4 7 7 9        9 7 9 7        6 9 4 5        5 5 6 8
```

2
```
    2 7 4 3        5 8 6 2        2 9 4 4
  + 1 2 1 8      + 3 1 7 3      + 5 6 3 5      mit Übertrag
        1          1 1              1 1
    3 9 6 1        9 0 3 5        8 5 7 9
```

3
```
    8 2 9 7        3 9 2 1        6 5 6 5        9 8 3 8
  − 6 1 7 5      − 1 9 1 0      − 3 4 3 4      − 6 0 2 7
    2 1 2 2        2 0 1 1        3 1 3 1        3 8 1 1
```

4
```
    3 6 2 9        8 5 5 8        4 7 6 1
  − 1 4 8 6      − 2 9 3 1      − 3 2 9 8      mit Übertrag
    2 1 4 3        5 6 2 7        1 4 6 3
```

5
```
    6 2 8 0 5        3 0 9 5 1 4        7 2 2 8 3 4
  + 1 7 1 8 3      + 2 8 1 7 4 1      + 1 3 9 2 6 2
        1 1              1 1                1 1
    7 9 9 8 8        5 9 1 2 5 5        8 6 2 0 9 6
```

```
    3 2 7 3 2        8 8 8 3 3 3
  − 1 2 1 2 1      − 1 5 5 5 5 1
    2 0 6 1 1        7 3 2 7 8 2
```

STICKER

1 Bei den Ziffern 0 1 2 3 4 wird abgerundet,

bei 5 6 7 8 9 wird aufgerundet.

2 Runde auf **Tausender**. An den Hundertern erkennst du, ob du auf- oder abrunden musst.

12 400 ≈ 12 000   356 500 ≈ 357 000

78 654 ≈ 79 000   484 329 ≈ 484 500

26 817 ≈ 27 000   268 170 ≈ 268 000

67 105 ≈ 67 000   648 200 ≈ 648 000

3 Runde auf **Zehntausender**. Achte auf den Tausender.

37 840 ≈ 40 000   282 282 ≈ 280 000

63 598 ≈ 60 000   706 310 ≈ 710 000

42 760 ≈ 40 000   194 666 ≈ 190 000

85 146 ≈ 90 000   767 600 ≈ 770 000

4 Runde auf **Hunderttausender**. Achte auf den Zehntausender.

453 000 ≈ 500 000   914 000 ≈ 900 000

839 000 ≈ 800 000   289 800 ≈ 300 000

657 000 ≈ 700 000   333 000 ≈ 300 000

718 000 ≈ 700 000   551 550 ≈ 600 000

1 Auf welches Schiff müssen die Kisten verladen werden? Überschlage. Wie groß ist das Ergebnis ungefähr? Male passend an.

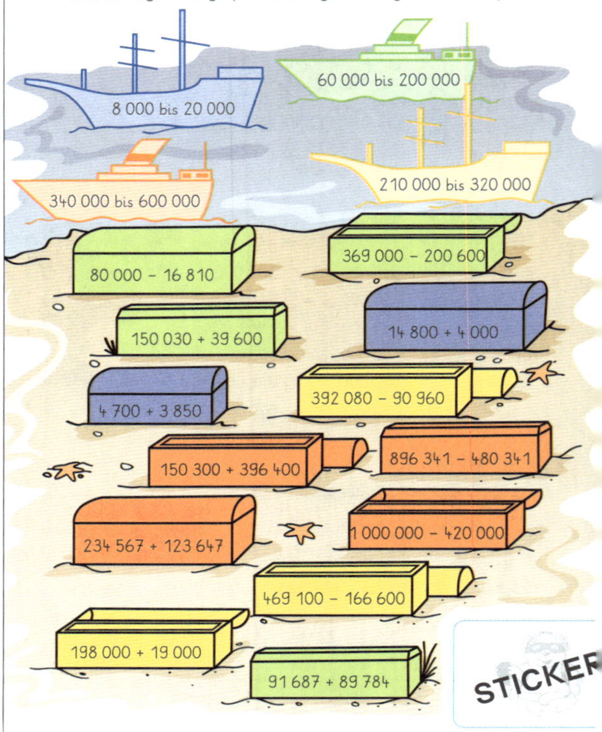

60 000 bis 200 000

8 000 bis 20 000

340 000 bis 600 000

210 000 bis 320 000

80 000 − 16 810

369 000 − 200 600

150 030 + 39 600

14 800 + 4 000

4 700 + 3 850

392 080 − 90 960

150 300 + 396 400

896 341 − 480 341

234 567 + 123 647

1 000 000 − 420 000

469 100 − 166 600

198 000 + 19 000

91 687 + 89 784

STICKER

1

9 · 10 = 90

19 · 10 = 190

40 · 10 = 400

400 · 10 = 4 000

76 · 10 = 760

eine Null dran …

2

12 · 100 = 1 200

330 · 100 = 33 000

480 · 100 = 48 000

2 480 · 100 = 248 000

700 · 100 = 70 000

zwei Nullen dran …

3

·	4	20	200	3 000
3	12	60	600	9 000
30	120	600	6 000	90 000
6	24	120	1 200	18 000
40	160	800	8 000	120 000

4 Male Aufgabe und Ergebnis gleich an.

1 600   70 · 40   90 · 9 000

16 000

2 800   70 · 300

10 · 160   21 000

24 000

40 · 600   810 000   800 · 20

1

80 : 10 = 8

800 : 10 = 80

4 800 : 10 = 480

12 300 : 10 = 1 230

72 000 : 10 = 7 200

eine Null weg …
80 : 10 = 8

2

500 : 100 = 5

5 000 : 100 = 50

23 000 : 100 = 230

36 000 : 100 = 360

720 300 : 100 = 7 203

zwei Nullen weg …
500 : 100 = 5

3

:	100	200	40	1 000	4 000
16 000	160	80	400	16	4
400 000	4 000	2 000	10 000	400	100
32 000	320	160	800	32	8
360 000	3 600	1 800	9 000	360	90

4 Umrande jeweils Aufgabe und Ergebnis mit gleicher Farbe.

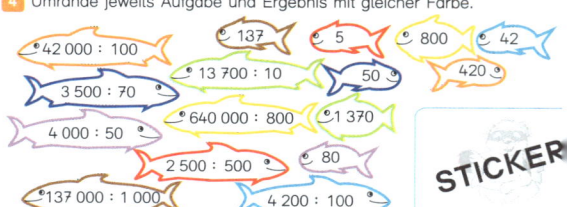

42 000 : 100   137   5   800   42

13 700 : 10   50   420

3 500 : 70

4 000 : 50   640 000 : 800   1 370

2 500 : 500   80

137 000 : 1 000   4 200 : 100

STICKER

1 <, > oder = ? Setze richtig ein.

1 t **>** 320 kg	1 t **>** 1 kg	10 t **>** 10 kg
1 t **>** 999 kg	0,5 t **>** 1 kg	10 t **>** 100 kg
1 t **=** 1 000 kg	0,5 t **=** 500 kg	10 t **>** 1 000 kg
10 t **>** 1 000 kg	0,5 t **<** 1 000 kg	10 t **=** 10 000 kg

2 Ergänze die Tabelle.

Name	Großer Tümmler	Karibischer Manati	Seehund	Gewöhnlicher Schweinswal
Bei der Geburt wiegt das Tier:	30 kg	20 kg	10 kg	8 kg
Das ausgewachsene Tier wiegt:	350 kg	600 kg	100 kg	60 t
5 erwachsene Tiere wiegen zusammen:	1 750 kg	3 000 kg	**500 kg**	**300 t**

3 Ordne die Tiere nach ihrem Geburtsgewicht. Beginne mit dem leichtesten.

Seehund, Karibischer Manati, Großer Tümmler, Gewöhnlicher Schweinswal

Ordne die Tiere nach ihrem Gewicht als ausgewachsenes Tier. Beginne mit dem leichtesten.

Seehund, Großer Tümmler, Karibischer Manati, Gewöhnlicher Schweinswal

4 Verbinde die Tiere mit dem passenden Gewicht.

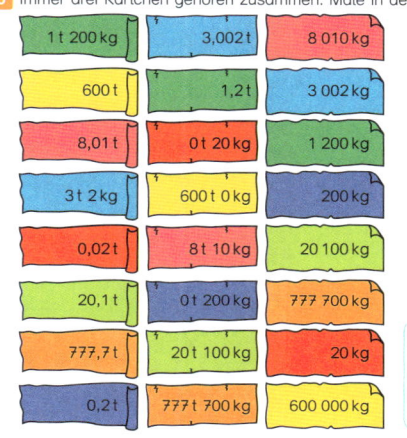

20 g
1 kg
75 kg
400 kg
2 t
130 t

5 Immer drei Kärtchen gehören zusammen. Male in derselben Farbe an.

1 t 200 kg	3,002 t	8 010 kg
600 t	1,2 t	3 002 kg
8,01 t	0 t 20 kg	1 200 kg
3 t 2 kg	600 t 0 kg	200 kg
0,02 t	8 t 10 kg	20 100 kg
20,1 t	0 t 200 kg	777 700 kg
777,7 t	20 t 100 kg	20 kg
0,2 t	777 t 700 kg	600 000 kg

STICKER

---

1 Vergrößere die Flagge der Südsee-Insel im Maßstab 2:1.

Zeichne 2 cm für 1 cm.

2 Verkleinere die Flagge der Palmen-Insel im Maßstab 1:2.

Zeichne 1 cm für 2 cm.

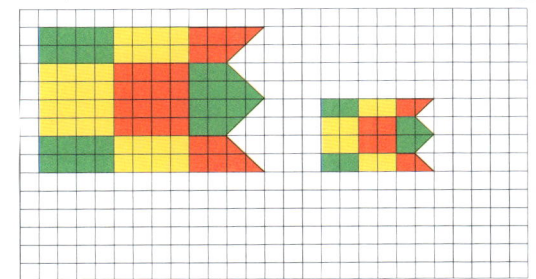

---

1 Der Maßstab einer Karte oder eines Planes sagt dir, wie groß die angegebene Entfernung in Wirklichkeit ist.

Maßstab	Abbildung	Wirklichkeit		
1:10	1 cm	10 cm		
1:500	1 cm	500 cm =	5 m	
1:10 000	1 cm	10 0000 cm =	100 m	
1:100 000	1 cm	100 000 cm =	1000 m =	1 km
1:300 000	1 cm	300 000 cm =	3 000 m =	3 km

2 Wie groß sind die Entfernungen im Plan und in der Wirklichkeit?

1:300 000

1 cm im Plan sind 3 km in Wirklichkeit

Strecke	cm im Plan	km in Wirklichkeit
A – C	3 cm	9 km
E – G	6 cm	18 km
B – C	4 cm	12 km
A – B – G	12 cm	36 km

STICKER

1

THZE 1234 · 2	THZE 1221 · 4	THZE 3212 · 3
THZE 2468	THZE 4884	THZE 9636

THZE 4321 · 2	THZE 2112 · 4	THZE 1001 · 5
THZE 8642	THZE 8448	THZE 5005

2

43234 · 2	32123 · 3	21021 · 4
86468	96369	84084

10101 · 5	21212 · 4	32323 · 3
50505	84848	96969

41324 · 2	20120 · 4	13213 · 3
82648	80480	39639

Merke dir die Überträge!

3

12345 · 2	10210 · 5	32121 · 4
24690	51050	128484

10123 · 6	23432 · 3	45554 · 2
60738	70296	91108

23123 · 6	12320 · 7	24605 · 5
138738	86240	123025

4

1234 · 20	4321 · 30	3210 · 50
24680	129630	160500
0	0	0
24680	129630	160500

2345 · 12	5432 · 23	2345 · 34
23450	108640	70350
4690	16296	9380
28140	124936	79730

123 · 200	234 · 430	456 · 123
24600	93600	45600
0	7020	9120
0	0	1368
24600	100620	56088

Achte auf das Komma!

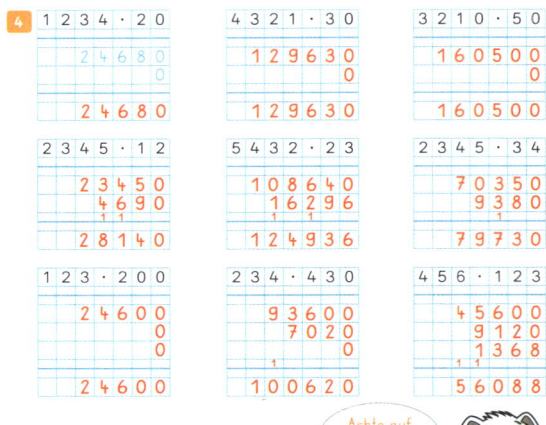

5 Rechne. Überprüfe mit dem Überschlag.

4,11 € · 5	6,50 € · 3	7,99 € · 6
4,11 € · 5	6,50 € · 3	7,99 € · 6
20,55 €	19,50 €	47,94 €

Ü: 4 € · 5 = 20 €   Ü: 6 € · 3 = 18 €   Ü: 8 € · 6 = 48 €

43,23 € · 8	271,43 € · 4
43,23 € · 8	271,43 € · 4
345,84 €	1085,72 €

Ü: 40 € · 8 = 320 €   Ü: 250 € · 4 = 1000 €

STICKER

---

1 Dividiere schriftlich. Rechne auch die Probe.

THZE 9669 : 3 = 3223   Probe: 3223 · 3 = 9669

THZE 8642 : 2 = 4321   Probe: 4321 · 2 = 8642

Achte auf die Nullen!

THZE 8480 : 4 = 2120   Probe: 2120 · 4 = 8480

THZE 6906 : 3 = 2302   Probe: 2302 · 3 = 6906

THZE 5050 : 5 = 1010   Probe: 1010 · 5 = 5050

THZE 7806 : 6 = 1301   Probe: 1301 · 6 = 7806

Welche Kartoffeln soll ich kaufen?

2 Welche Kartoffeln sind am günstigsten? Berechne den Preis für 1 kg.

„Rote Emma": 50,00 € : 8 = 6,25 €

„King Edward": 58,50 € : 9 = 6,50 €

„Black Princess": 46,00 € : 8 = 5,75 €

„Blauer Schwede": 27,00 € : 4 = 6,75 €

STICKER

Die Sorte „Black Princess" ist am günstigsten.

1 Die Piraten haben mehrere Schatzkisten gefunden. In den Kisten sind Gold- und Silbermünzen. Jeder Pirat darf eine Münze ziehen, ohne hinzusehen. Tarip ist als Erster an der Reihe.

A   B   C   D

Bei welcher Kiste hat Tarip die größte Chance, eine goldene Münze zu ziehen? __C__

Bei welcher Kiste ist es am **unwahrscheinlichsten**, eine goldene Münze zu ziehen? __A__

Bei welcher Kiste ist die Chance, eine goldene Münze zu ziehen genau so groß wie die Chance auf eine silberne Münze? __B__

2

Setze das richtige Wort ein.

sicher   wahrscheinlich

unwahrscheinlich   unmöglich

Es ist __unwahrscheinlich__, eine goldene Münze zu ziehen.

Es ist __wahrscheinlich__, eine silberne Münze zu ziehen.

Es ist __sicher__, eine Münze zu ziehen.

3 Setze das richtige Wort ein.

sicher   wahrscheinlich   unwahrscheinlich   unmöglich

Ich ziehe __wahrscheinlich__ eine blaue Perle.

Es ist __unwahrscheinlich__, eine rote Perle zu ziehen.

Es ist __unmöglich__, eine gelbe Perle zu ziehen.

4 Male die Perlen passend an.

(Hier gibt es verschiedene Lösungen.)

(Beispiellösungen:)

Es ist **wahrscheinlich**, eine rote Perle zu ziehen und **unmöglich**, eine grüne Perle zu ziehen.

Es ist **unmöglich**, eine blaue Perle zu ziehen und **unwahrscheinlich**, eine gelbe Perle zu ziehen.

Es ist **sicher**, eine grüne Perle zu ziehen.

STICKER

1 Die Piraten haben die Schatzinsel erreicht. Es gibt verschiedene Wege zum Schatz.

Erst Weg 1 und dann Weg A <u>oder</u> 1 und dann B <u>oder</u> 1 und dann ...

1 A	2 A
1 B	2 B
1 C	2 C
1 D	2 D
3 A	
3 B	
3 C	
3 D	

Insgesamt gibt es __12__ Möglichkeiten, um zum Schatz zu gelangen.

Tarip geht auf jeden Fall Weg **2**. Wie viele Möglichkeiten gibt es dann? __4__

Tira entdeckt noch einen neuen Weg **E**. Wie viele Möglichkeiten hat sie nun insgesamt, um den Schatz zu erreichen? __15__

1 A, 1 B, 1 C, 1 D, 1 E,   2 A, 2 B, 2 C, 2 D, 2 E
3 A, 3 B, 3 C, 3 D, 3 E

2 Bei der Kinderanimation des Kreuzfahrtschiffes steht heute Tauziehen auf dem Programm. Jan, Chiara, Lara, Nils und Ferdinand treten gegeneinander an. Jeder zieht gegen jeden.

Zeichne die Linien fertig.

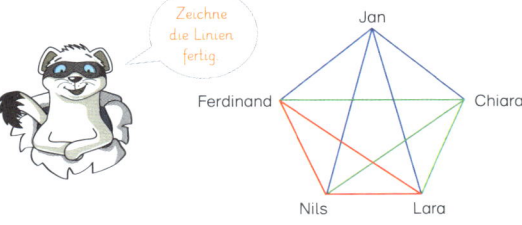

Jan zieht gegen __Chiara__, __Lara__, __Nils__ und __Ferdinand__. Chiara muss nicht mehr gegen Jan ziehen. Sie zieht nur noch gegen __Lara__, __Nils__ und __Ferdinand__.

Lara muss noch gegen __Nils__ und __Ferdinand__ ziehen.

Gegen wen muss Nils noch ziehen?

__Ferdinand__

Insgesamt gibt es __10__ Durchgänge.

STICKER

Gewicht in t

See-Elefant | Delfin | Hai | Teufels-rochen | Seekuh | Walross | Kegelrobbe | Seehund

1 Wie schwer sind die Tiere? Trage ihr Gewicht jeweils in t und in kg in die Tabelle ein.

Tier	Gewicht in t	Gewicht in t und kg	Gewicht in kg
See-Elefant	3,6 t	3 t 600 kg	3 600 kg
Delfin	0,1 t	0 t 100 kg	100 kg
Hai	3 t	3 t 0 kg	3 000 kg
Teufelsrochen	2 t	2 t 0 kg	2 000 kg
Seekuh	0,6 t	0 t 600 kg	600 kg
Walross	1 t	1 t 0 kg	1 000 kg
Kegelrobbe	0,2 t	0 t 200 kg	200 kg
Seehund	0,1 t	0 t 100 kg	100 kg

2 Zeichne die fehlenden Säulen in das Schaubild.

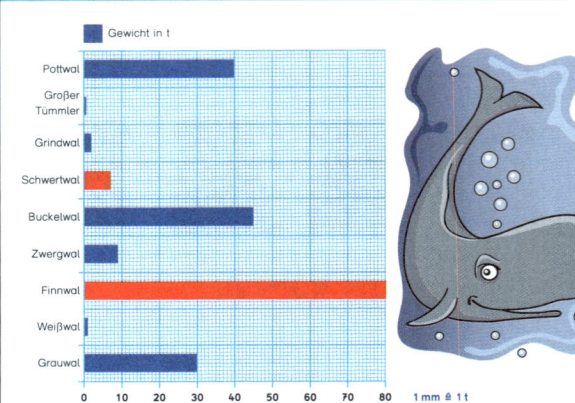

Gewicht in t

Pottwal | Großer Tümmler | Grindwal | Schwertwal | Buckelwal | Zwergwal | Finnwal | Weißwal | Grauwal

0 10 20 30 40 50 60 70 80   1 mm ≙ 1 t

3 Trage das Gewicht dieser Wale in das Schaubild ein.
Finnwal 80 t, Schwertwal 7 t

4 Betrachte das Schaubild genau und beantworte die Fragen.

Welcher Wal wiegt am meisten? _____ Finnwal

Welcher Wal ist am leichtesten? _____ Großer Tümmler

Welcher Wal ist genau 30 t schwer? _____ Grauwal

Welche Wale wiegen weniger als 10 t?

Großer Tümmler, Weißwal,
Grindwal, Schwertwal, Zwergwal

STICKER

---

1 Zeichne jeweils weitere parallele Geraden zu g.

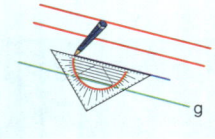

2 Immer zwei Geraden liegen parallel zueinander. Kennzeichne sie mit der gleichen Farbe.

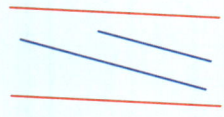

3 Zeichne jeweils drei senkrechte Geraden zu g.

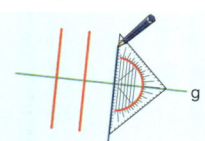

4 Zeichne in die Formen und Figuren rechte Winkel ein. Überprüfe mit dem Geodreieck.

Die Geraden stehen senkrecht zueinander und bilden rechte Winkel.

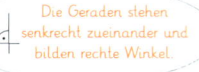
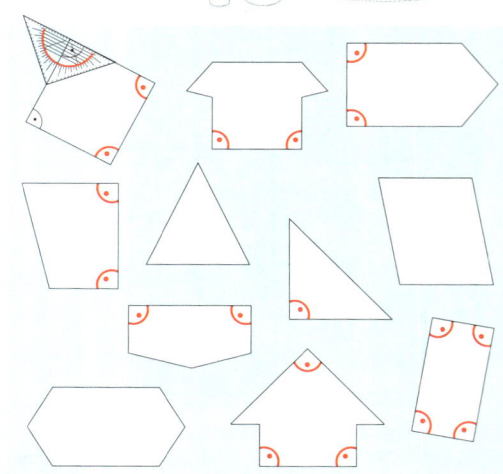

5 Zeichne mit dem Geodreieck weiter. Male an.

STICKER

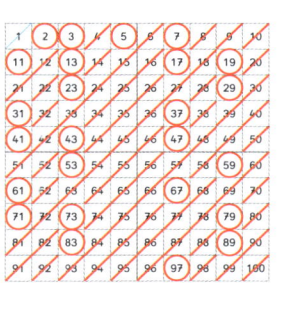

2, 4, 6, 8 … nennt man **Vielfache** von 2.

1, 2, 4, 8, 16 sind **Teiler** von 16.

Primzahlen lassen sich nur durch 1 und sich selbst teilen. Die 1 ist keine Primzahl.

1 Finde alle Primzahlen bis 100.

1. Kreise die erste Primzahl ein. Das ist die 2. Streiche nun alle Vielfachen von 2 durch.

2. Kreise die erste, noch nicht durchgestrichene Zahl ein. Das ist die 3. Streiche nun alle Vielfachen von 3 durch.

3. Kreise die nächste, noch nicht durchgestrichene Zahl ein, also die 5. Streiche nun alle Vielfachen von 5 durch.

4. Kreise wieder die nächste, nicht durchgestrichene Zahl ein, also die 7. Streiche nun alle Vielfachen von 7 durch.

5. Kreise nun alle noch übrig gebliebenen Zahlen ein. Jetzt hast du alle Primzahlen bis 100 gefunden.

Achtung: Die 1 ist keine Primzahl!

2 Ich habe __25__ Primzahlen bis 100 gefunden.

Die kleinste Primzahl ist die __2__ .

Die größte Primzahl bis 100 ist die __97__ .

(Hier gibt es viele verschiedene Möglichkeiten.)

3 Schreibe jeweils fünf Vielfache auf

Der Taschenrechner hilft dir.

von 2 : __2__ , __4__ , __6__ , __8__ , __10__

von 4 : __4__ , 8 , 12 , 16 , 20

von 5 : __10__ , 15 , 20 , 25 , 30

von 10 : __20__ , 30 , 40 , 50 , 60

von 20 : __40__ , 60 , 80 , 100 , 120

von 40 : __80__ , 120 , 160 , 200 , 240

von 50 : __100__ , 150 , 200 , 250 , 300

von 100 : __200__ , 300 , 400 , 500 , 600

von 500 : __1000__ , 1500 , 2000 , 2500 , 3000

von 2000 : __4000__ , 6000 , 8000 , 10000 , 12000

4 Welche Zahlen sind Teiler? Male sie an.

10: **1** **2** 3 4 **5** 6 7 8 9 **10**

12: **1** **2** **3** **4** 5 **6** 8 10 11 **12**

20: **1** **2** 3 **4** **5** 8 **10** 12 15 12

50: **1** **2** 3 4 **5** **10** 15 20 **25** **50**

100: **1** **2** 3 **4** 5

6 **10** 15 **20** **25**

30 40 **50** 60 **100**

STICKER

Addition	Subtraktion	Multiplikation	Division
addieren	subtrahieren	multiplizieren	dividieren
3 + 3 = 6	3 − 3 = 0	3 · 3 = 9	3 : 3 = 1
Summe	Differenz	Produkt	Quotient

1 Was gehört zusammen? Male in der gleichen Farbe an.

Addition	·	Summe	subtrahieren
−	addieren	Subtraktion	Produkt
:	Differenz	Quotient	+
dividieren	Multiplikation	multiplizieren	Division

2

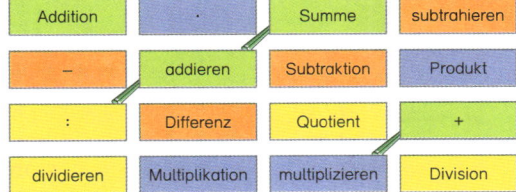

Bilde die Summe von 40 und 23:
40 + 23 = 63

Multipliziere 6 mit 50:
6 · 50 = 300

Wie groß ist die Differenz zwischen 500 und 800?
800 − 500 = 300

Bilde das Produkt aus 25 und 4:
25 · 4 = 100

Subtrahiere 50 von 500:
500 − 50 = 450

Addiere 520 und 417:
520 + 417 = 937

Dividiere 810 durch 90:
810 : 90 = 9

Der Quotient aus 350 und 7 ist:
350 : 7 = 50

Addiere 12 und 8 und multipliziere die Summe mit 4:
12 + 8 = 20
20 · 4 = 80

1 Meine Zahl …

… ist die Summe von 400 und 300

… ist das Produkt aus 50 und 10.

… ist die Differenz zwischen 800 und 1000

700   500   200

400 + 300 = 700

50 · 10 = 500

1000 − 800 = 200

… ist der Quotient aus 30 und 5.

… ist die Summe von 512 und 236.

… ist die Differenz zwischen 720 und 820.

6   748   100

30 : 5 = 6

```
  5 1 2
+ 2 3 6
-------
  7 4 8
```

```
  8 2 0
− 7 2 0
-------
  1 0 0
```

… erhältst du, wenn du die Summe von 17 und 3 mit 5 multiplizierst.

… erhältst du, wenn du 10 von 100 subtrahierst und diese Differenz durch 9 dividierst.

100   10

17 + 3 = 20
20 · 5 = 100

100 − 10 = 90
90 : 9 = 10

STICKER

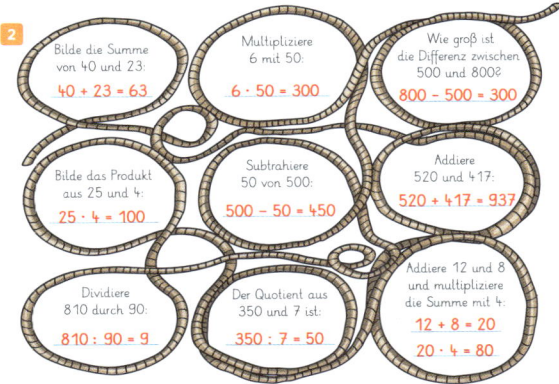

Zuerst in den Klammern rechnen.

$(70 + 30) \cdot 8 =$ __800__
$100 \quad \cdot 8 =$ __800__

$5 \cdot (50 - 40) =$ __50__
$5 \cdot \quad 10 \quad =$ __50__

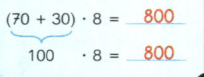

1

$(300 + 200) \cdot 2 =$ __1000__
__500__ $\cdot 2 = 1000$

$(600 + 400) \cdot 7 =$ __7000__
__1000__ $\cdot 7 = 7000$

$(400 - 100) : 3 =$ __100__
__300__ $: 3 = 100$

$(500 - 300) : 4 =$ __50__
__200__ $: 4 = 50$

2

$4 \cdot (200 + 200) =$ __1600__
$4 \cdot$ __400__ $= 1600$

$5 \cdot (800 - 200) =$ __3000__
$5 \cdot$ __600__ $= 3000$

$600 : (300 + 300) =$ __1__
$600 :$ __600__ $= 1$

$350 : (7 - 2) =$ __70__
$350 :$ __5__ $= 70$

3
$(800 - 400) \cdot \ 2 =$ __800__
$(300 + 100) : \ 2 =$ __200__
$(700 - 500) : 20 =$ __10__

$2 \cdot (200 + 400) =$ __1200__
$5 \cdot (400 - 200) =$ __1000__
$500 : (400 - 300) =$ __5__

1 $\boxed{7 \cdot 50} + 3 =$ __353__
$350 + 3 =$ __353__

Punktrechnung geht vor Strichrechnung

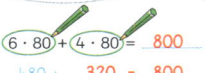

$\boxed{9 \cdot 40} - 3 =$ __357__
$360 - 3 =$ __357__

$\boxed{6 \cdot 80} + \boxed{4 \cdot 80} =$ __800__
$480 + \quad 320 = 800$

$\boxed{50 \cdot 5} - \boxed{30 \cdot 5} =$ __100__
$250 - 150 = 100$

$\boxed{50 \cdot 30} + \boxed{50 \cdot 30} =$ __3000__
$1500 + 1500 = 3000$

$\boxed{60 \cdot 20} - \boxed{20 \cdot 20} =$ __800__
$1200 - 400 = 800$

$\boxed{70 \cdot 80} + \boxed{20 \cdot 80} =$ __7200__
$5600 + 1600 = 7200$

2 $\boxed{20 : 5} + 20 =$ __24__
$4 + 20 = 24$

$\boxed{800 : 4} + 30 =$ __230__
$200 + 30 = 230$

$\boxed{70 \cdot 9} - \boxed{300 : 6} =$ __580__
$630 - 50 = 580$

$\boxed{140 : 7} + \boxed{80 : 4} =$ __40__
$20 + 20 = 40$

$\boxed{27 : 3} + \boxed{500 \cdot 2} =$ __1009__
$9 + 1000 = 1009$

$\boxed{560 : 8} - \boxed{280 : 4} =$ __0__
$70 - 70 = 0$

$70 + \boxed{3 \cdot 200} - 80 =$ __590__
$70 + 600 - 80 = 590$

$450 - \boxed{300 : 6} + 50 =$ __450__
$450 - 50 + 50 = 450$

STICKER

1

+	5	10	20	100
100	105	110	120	200
1000	1005	1010	1020	1100
10000	10005	10010	10020	10100
100000	100005	100010	100020	100100

−	5	10	20	100
100	95	90	80	0
1000	995	990	980	900
10000	9995	9990	9980	9900
100000	99995	99990	99980	99900

·	5	10	20	100
100	500	1000	2000	10000
1000	5000	10000	20000	100000
10000	50000	100000	200000	1000000
100000	500000	1000000	2000000	10000000

:	5	10	20	100
100	20	10	5	1
1000	200	100	50	10
10000	2000	1000	500	100
100000	20000	10000	5000	1000

2
$333000 + \qquad 6 =$ __333006__
$333000 + \qquad 60 =$ __333060__
$333000 + \qquad 600 =$ __333600__
$333000 + \qquad 6000 =$ __339000__
$333000 + \quad 60000 =$ __393000__
$333000 + 600000 =$ __933000__

$542000 - 200000 =$ __342000__
$542000 - \quad 20000 =$ __522000__
$542000 - \qquad 2000 =$ __540000__
$542000 - \qquad 200 =$ __541800__
$542000 - \qquad 20 =$ __541980__
$542000 - \qquad 2 =$ __541998__

$5 \cdot \qquad 2 =$ __10__
$5 \cdot \qquad 20 =$ __100__
$5 \cdot \qquad 200 =$ __1000__
$5 \cdot \qquad 2000 =$ __10000__
$5 \cdot \quad 20000 =$ __100000__
$5 \cdot 200000 =$ __1000000__

$800000 : 400000 =$ __2__
$800000 : \quad 40000 =$ __20__
$800000 : \qquad 4000 =$ __200__
$800000 : \qquad 400 =$ __2000__
$800000 : \qquad 40 =$ __20000__
$800000 : \qquad 4 =$ __200000__

3 Setze fort. Finde die Regeln.

	Regel
$0, 8000, 16000, 24000,$ __32000__ , __40000__	+ 8000
$210000, 260000, 310000,$ __360000__ , __410000__	+ 50000
$950000, 900000, 850000,$ __800000__ , __750000__	− 50000
$448000, 436000, 424000,$ __412000__ , __400000__	− 12000

STICKER

Volumen

1 Jan und Chiara machen mit ihren Eltern eine Kreuzfahrt.
Heute dürfen die Kinder selbst Cocktails mixen.
Wie viel Saft haben die Kinder jeweils hergestellt? Trage ein.

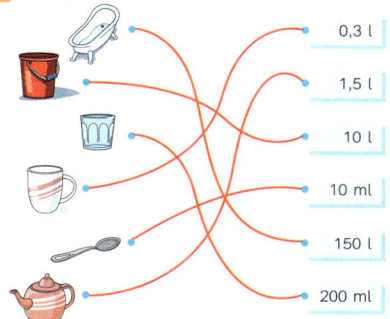

Apfelsaft	Orangen-saft	Maracuja-saft	Bananen-saft	Kirsch-saft	Zitronen-saft	Menge insgesamt
20 ml	5 ml	30 ml	0 ml	0 ml	10 ml	**65** ml
0 ml	0 ml	0 ml	500 ml	$\frac{1}{2}$ l	0 ml	**1000** ml
$\frac{3}{4}$ l	$\frac{1}{4}$ l	0 ml	0 ml	0 ml	0 ml	**1000** ml
$\frac{1}{4}$ l	$\frac{1}{4}$ l	$\frac{1}{4}$ l	0 ml	$\frac{1}{4}$ l	0 ml	**1000** ml
100 l	0 ml	250 ml	100 l	125 ml	0 ml	**575** ml

2 Lara und Emilia haben einen sehr leckeren Saft
gemischt und eine 2-Liter-Karaffe damit randvoll gefüllt.
Chiara und Jan möchten gerne einen halben Liter
von dem leckeren Saft in Chiaras Karaffe umfüllen.
Sie haben aber keinen Messbecher.
Lara hat noch eine kleine Karaffe, die $\frac{1}{4}$ l fasst.
Wie können die Kinder es schaffen,
genau einen halben Liter Saft abzumessen?

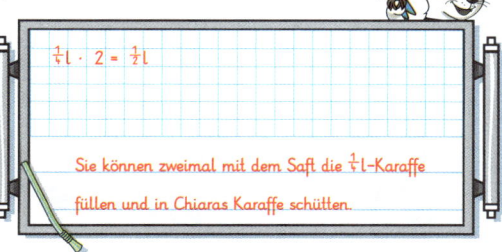

$\frac{1}{4}$ l · 2 = $\frac{1}{2}$ l

Sie können zweimal mit dem Saft die $\frac{1}{4}$ l-Karaffe
füllen und in Chiaras Karaffe schütten.

3 Verbinde.

0,3 l
1,5 l
10 l
10 ml
150 l
200 ml

4 Immer zwei Teebeutel und eine Karaffe gehören zusammen.
Male in gleicher Farbe an.

1 l · $\frac{3}{4}$ l · 0,75 l · 500 ml · $\frac{1}{2}$ l · $\frac{1}{4}$ l · 250 ml · 1 000 ml

STICKER

Gemischte Größen

1 Ergänze den Lückentext.

3 Liter · 6 Monaten · 6 Stunden · 20:30 Uhr · 40 km/h
1699 Euro · 4 323 m² · 120 000 t · 253,33 m

Lieber Niklas,
wir machen mit der ganzen Familie eine Kreuzfahrt.

Unser Schiff ist riesig! Es ist __253,33 m__ lang.

Das Restaurant, in dem wir mittags essen, hat eine Fläche von
__4 323 m²__. Da würde unser Wohnzimmer 216-mal reinpassen!
Kannst du dir das vorstellen?
Das Schiff fährt mit einer Geschwindigkeit von 22 Knoten.
Mein neuer Freund hat mir erklärt, dass das etwa so schnell ist wie
__40 km/h__ mit dem Auto.

Tanken muss das Schiff natürlich auch. Pro Person verbraucht das Schiff
im Schnitt __3 Liter__. Treibstoff auf 100 km Fahrt.
Außer uns sind hier noch etwa 3 000 andere Gäste an Bord.

Das Schiff wiegt __120 000 t__. Damit ist es so schwer
wie 24 000 Elefanten. Ist das nicht unglaublich?

Für uns Kinder gibt es hier bis zu __6 Stunden__ lang täglich
ein tolles Kinder-Programm. Es endet um __20:30 Uhr__.

Papa hat die Reise schon vor __6 Monaten__ gebucht und sie uns
allen zu Weihnachten geschenkt.

Er hat dafür __1699 Euro__ bezahlt. Dafür hätte ich mein
Taschengeld neun Jahre lang sparen müssen!

Jetzt muss ich Schluss machen, die Schatzsuche fängt an.

Viele Grüße
Jan

2 Ergänze.

0,1 l	0,5 l	0,5 l	1,2 l	9,7 l	3,75 l	0,5 l
0,9 l	**0,5 l**	**1 l**	**0,3 l**	**0,3 l**	**6,25 l**	**0,25 l**
1,0 l	1,0 l	1,5 l	1,5 l	10,0 l	10,0 l	0,75 l

25 kg	179 kg	852 kg	611 kg	222 kg	872 kg	321 kg
25 kg	**21 kg**	**148 kg**	**389 kg**	**278 kg**	**128 kg**	**179 kg**
50 kg	200 kg	1 000 kg	1 000 kg	500 kg	1 000 kg	500 kg

3 <, > oder = ? Setze richtig ein.

1,0 kg **=** 1 000 g	0,75 l **=** $\frac{3}{4}$ l	0,2 l **<** 0,4 l
1,0 g **<** 1 000 g	0,75 l **>** 0,5 l	$\frac{1}{10}$ l **<** $\frac{1}{2}$ l
1,0 t **=** 1 000 kg	0,75 l **<** 1,25 l	$\frac{1}{4}$ l **=** 0,25 l
1,0 t **>** 1 000 g	0,75 l **=** 750 ml	$\frac{1}{4}$ l **>** $\frac{1}{8}$ l

123 456,78 m **<** 132 456,78 m
123 456,78 m **<** 123 465,78 m
123 456,78 € **<** 123 456,87 €
100 100,11 € **>** 100 010,11 €

STICKER

1   Emilia und ihr Vater machen einen Tagesausflug. Sie warten auf die Fähre vom Piratenhafen zum Forscherriff.

Es ist jetzt 7:50 Uhr. Die nächste Fähre fährt um __8:05__ Uhr ab.

Welche Tickets kaufen sie an der Kasse für Hin- und Rückfahrt?

Sie kaufen eine Rückfahrkarte für Kinder

und eine Rückfahrkarte für Erwachsene.

Wie viel muss der Vater insgesamt bezahlen? __8,10 €__

2,90 € + 5,20 € = 8,10 €

2   Vier Taucher beenden ihre Forschungsreise und fahren vom Forscherriff zum Piratenhafen. Sie treffen sich um 07:07 Uhr und verpassen die Fähre um __7:05__ Uhr um 2 Minuten. Die nächste Fähre fährt um __8:05__ Uhr ab. Die Forscher müssen __58__ Minuten warten. Welche Tickets kaufen sie an der Kasse?

Sie kaufen ein Einzelfahrt–Gruppenticket .

Zusammen bezahlen sie __6,80__ Euro für die Fährüberfahrt.

3   Sechs Forscher möchten gemeinsam vom Forscherriff zum Piratenhafen fahren. Sie treffen sich um 12:30 Uhr. Sie müssen __5__ Minuten auf die nächste Fähre warten.

Sie bezahlen **6,80 € + 2,70 € = 9,50 €** .

---

1   Setze die passenden Rechenzeichen ein. 

200 000 $+$ 4 = 200 004	200 000 $-$ 4 = 199 996
200 000 $\cdot$ 4 = 800 000	200 000 $:$ 4 = 50 000
330 033 $+$ 3 = 330 036	330 033 $\cdot$ 3 = 990 099
330 033 $-$ 3 = 330 030	330 033 $:$ 3 = 110 011
150 000 $+$ 5 = 150 005	150 000 $\cdot$ 5 = 750 000
150 000 $:$ 5 = 30 000	150 000 $-$ 5 = 149 995

2   Rechne und trage die fehlenden Ergebnisse ein.

Alle drei Differenzierungshefte innerhalb einer Jahrgangsstufe verbindet ein gemeinsames Grundthema, das von Klassenstufe zu Klassenstufe wechselt. So ist das Lernen mit jedem nächsten Jahrgangsheft, egal ob als Basis, Fördern oder Fordern, wieder motivierend frisch und spannend, zumal bei der Themenauswahl auf die **Lieblingsthemen** der Altersgruppe besonderer Wert gelegt wurde:

Klasse 1: Zirkus
Klasse 2: Fantasy
Klasse 3: Detektive
Klasse 4: Piraten und Meereswelt

Alle Themen sind für Mädchen und Jungen gleichermaßen ansprechend aufbereitet und führen jeweils durch das gesamte Heft. Immer dabei ist die **Zahlenzorro-Leitfigur**, welche die Kinder humorvoll begleitet und mit Hilfen und Anregungen unterstützt.

In jedes Heft ist ein Lösungsteil integriert. Dieses **Lösungsheft** lässt sich zusammen mit dem **Stickerbogen** aus der Heftmitte heraustrennen. Das Lösungsheft kann auf diese Weise je nach Bedarf an die Seite gelegt oder auch der Schülerin/dem Schüler zum selbstständigen Überprüfen ausgehändigt werden. Nach Bearbeitung einer Doppelseite im Heft wird dann der Belohnungssticker aus dem Stickerbogen an die entsprechende Stelle unten rechts auf der Doppelseite eingeklebt. Wenn alle Aufkleber im Heft richtig platziert wurden, ergeben sie beim schnellen Durchblättern ein **Daumenkino** mit einem zum Heftthema passenden „Zahlenzorro-Film" voller Überraschungen.

Viel Spaß mit unserer Zahlenzorro-Heftreihe wünscht
das Zahlenzorro-Team

1

80 : 10 = _____

800 : 10 = _____

4 800 : 10 = _____

12 300 : 10 = _____

72 000 : 10 = _____

eine Null weg ...
8̶0̶ : 10 = 8

2

500 : 100 = _____

5 000 : 100 = _____

23 000 : 100 = _____

36 000 : 100 = _____

720 300 : 100 = _____

zwei Nullen weg ...
5̶0̶0̶ : 100 = 5

3

:	100	200	40	1 000	4 000
16 000					
400 000					
32 000					
360 000					

4 Umrande jeweils Aufgabe und Ergebnis mit gleicher Farbe.

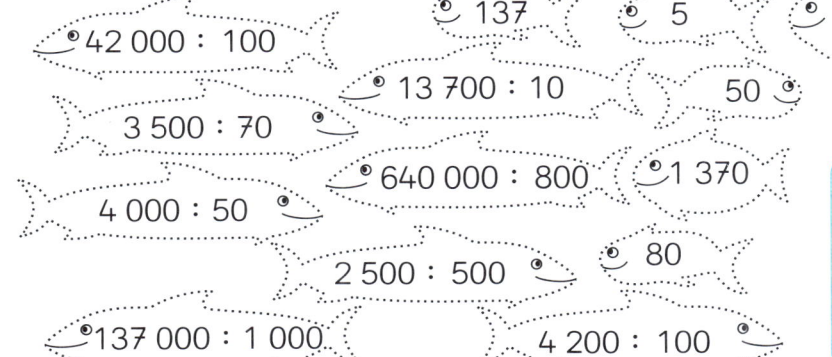

42 000 : 100

137

5

800

42

13 700 : 10

50

420

3 500 : 70

640 000 : 800

1 370

4 000 : 50

2 500 : 500

80

137 000 : 1 000

4 200 : 100

STICKER

1 <, > oder = ? Setze richtig ein.

1 t ◯ 320 kg	1 t ◯ 1 kg	10 t ◯ 10 kg
1 t ◯ 999 kg	0,5 t ◯ 1 kg	10 t ◯ 100 kg
1 t ◯ 1 000 kg	0,5 t ◯ 500 kg	10 t ◯ 1 000 kg
10 t ◯ 1 000 kg	0,5 t ◯ 1 000 kg	10 t ◯ 10 000 kg

2 Ergänze die Tabelle.

Name	Großer Tümmler	Karibischer Manati	Seehund	Gewöhnlicher Schweinswal
Bei der Geburt wiegt das Tier:	30 kg	20 kg	10 kg	8 kg
Das ausgewachsene Tier wiegt:	350 kg	600 kg	100 kg	60 t
5 erwachsene Tiere wiegen zusammen:	1 750 kg	3 000 kg		

3 Ordne die Tiere nach ihrem Geburtsgewicht.
Beginne mit dem leichtesten.

_____

_____

Ordne die Tiere nach ihrem Gewicht als ausgewachsenes Tier.
Beginne mit dem leichtesten.

_____

_____

4 Verbinde die Tiere mit dem passenden Gewicht.

- 20 g
- 1 kg
- 75 kg
- 400 kg
- 2 t
- 130 t

5 Immer drei Kärtchen gehören zusammen. Male in derselben Farbe an.

1 t 200 kg	3,002 t	8 010 kg
600 t	1,2 t	3 002 kg
8,01 t	0 t 20 kg	1 200 kg
3 t 2 kg	600 t 0 kg	200 kg
0,02 t	8 t 10 kg	20 100 kg
20,1 t	0 t 200 kg	777 700 kg
777,7 t	20 t 100 kg	20 kg
0,2 t	777 t 700 kg	600 000 kg

STICKER

1 Vergrößere die Flagge
der Südsee-Insel im Maßstab 2:1.

Zeichne 2 cm
für 1 cm.

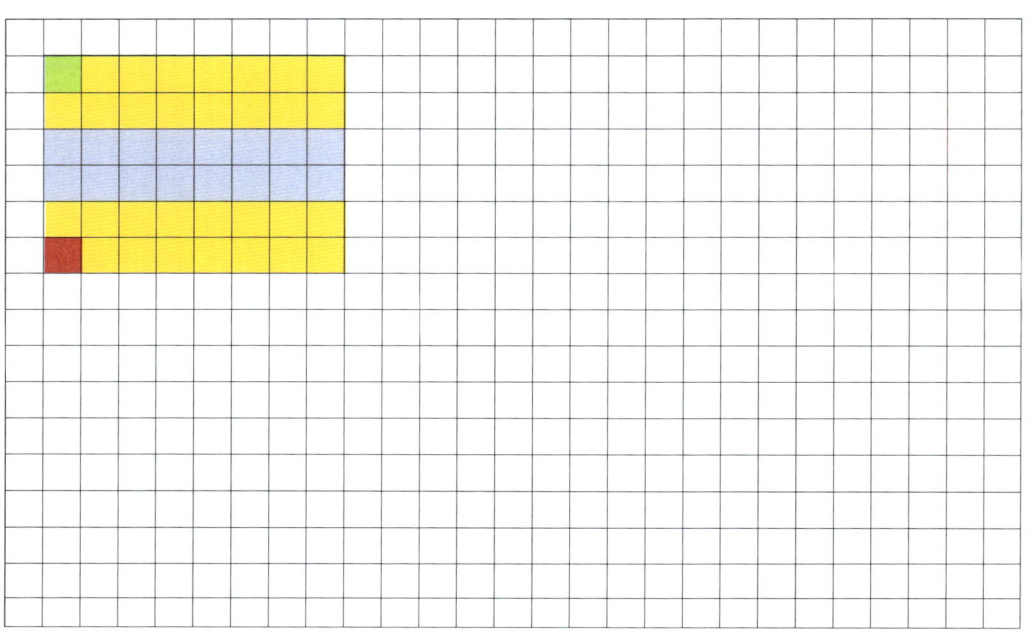

2 Verkleinere die Flagge der Palmen-Insel
im Maßstab 1:2.

Zeichne 1 cm
für 2 cm.

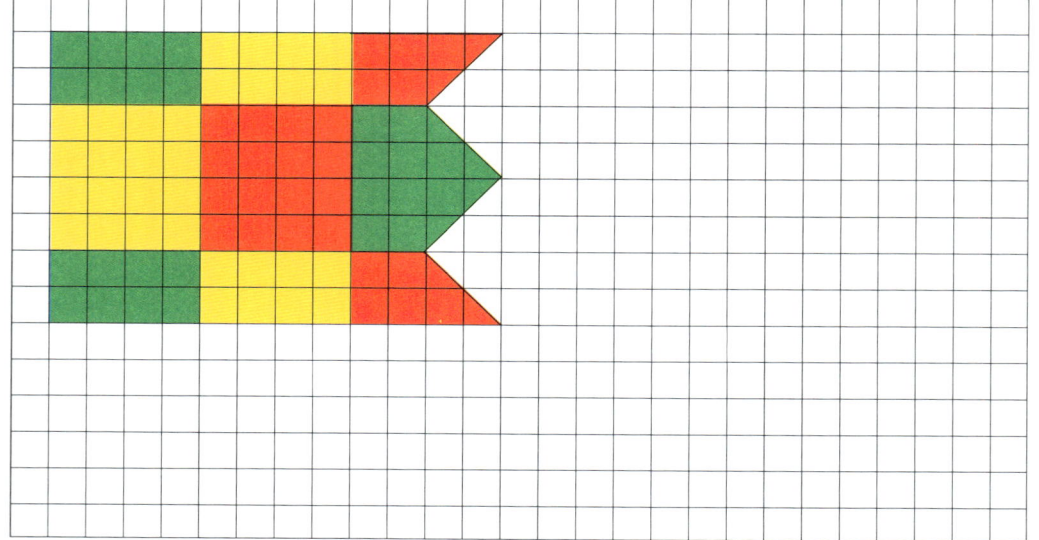

1 Der Maßstab einer Karte oder eines Planes sagt dir,
wie groß die angegebene Entfernung in Wirklichkeit ist.

Maßstab	Abbildung	Wirklichkeit		
1:10	1 cm	10 cm		
1:500	1 cm	500 cm =	5 m	
1:10 000	1 cm	_____ cm =	_____ m	
1:100 000	1 cm	_____ cm =	_____ m =	_____ km
1:300 000	1 cm	_____ cm =	_____ m =	_____ km

2 Wie groß sind die Entfernungen im Plan und in der Wirklichkeit?

1:300 000

1 cm im Plan sind 3 km in Wirklichkeit

Strecke	cm im Plan	km in Wirklichkeit
A – C	3 cm	9 km
E – G		
B – C		
A – B – G		

STICKER

1

T	H	Z	E	
1	2	3	4	· 2

	T	H	Z	E

T	H	Z	E	
1	2	2	1	· 4

	T	H	Z	E

T	H	Z	E	
3	2	1	2	· 3

	T	H	Z	E

T	H	Z	E	
4	3	2	1	· 2

	T	H	Z	E

T	H	Z	E	
2	1	1	2	· 4

	T	H	Z	E

T	H	Z	E	
1	0	0	1	· 5

	T	H	Z	E

2

43234 · 2

32123 · 3

21021 · 4

10101 · 5

21212 · 4

32323 · 3

41324 · 2

20120 · 4

13213 · 3

Merke dir die Überträge!

3

12345 · 2

10210 · 5

32121 · 4

10123 · 6

23432 · 3

45554 · 2

23123 · 6

12320 · 7

24605 · 5

4

1	2	3	4	·	2	0
		2	4	6	8	0
						0

4	3	2	1	·	3	0

3	2	1	0	·	5	0

2	3	4	5	·	1	2

5	4	3	2	·	2	3

2	3	4	5	·	3	4

1	2	3	·	2	0	0

2	3	4	·	4	3	0

4	5	6	·	1	2	3

Achte auf das Komma!

5 Rechne. Überprüfe mit dem Überschlag.

4,11 € · 5   6,50 € · 3   7,99 € · 6

4	,	1	1	€	·	5
			,			€

6	,	5	0	€	·	3
			,			€

Ü: 4 € · 5 = _____ €   Ü: _____   Ü: _____

43,23 € · 8   271,43 € · 4

Ü: _____   Ü: _____

1 Dividiere schriftlich. Rechne auch die Probe.

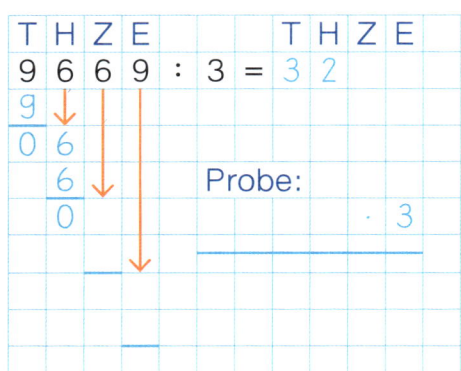

T H Z E						T H Z E

9 6 6 9 : 3 = 3 2

9
0 6
  6
  0

Probe:

· 3

T H Z E					T H Z E

8 6 4 2 : 2 =

Probe:

Achte auf die Nullen!

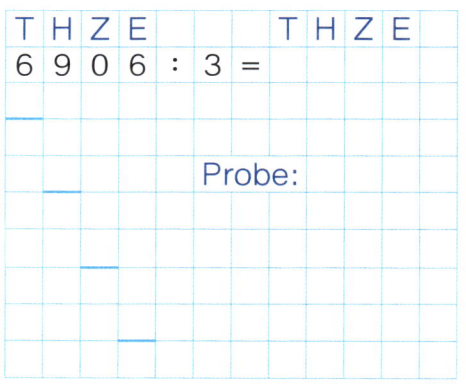

T H Z E				T H Z E

8 4 8 0 : 4 =

Probe:

T H Z E				T H Z E

6 9 0 6 : 3 =

Probe:

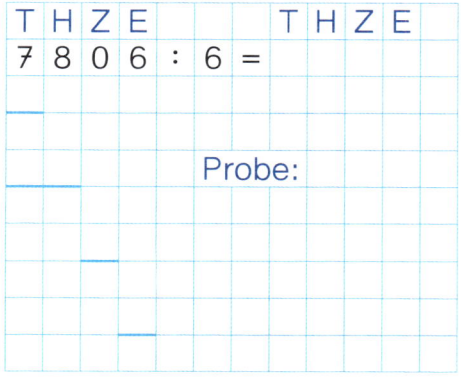

T H Z E				T H Z E

5 0 5 0 : 5 =

Probe:

T H Z E				T H Z E

7 8 0 6 : 6 =

Probe:

Welche Kartoffeln soll ich kaufen?

2 Welche Kartoffeln sind am günstigsten? Berechne den Preis für 1 kg.

„Rote Emma"

50,00 € : 8 = 6,
4 8
  2 0

„King Edward"

58,50 € : 9 =

„Black Princess"

„Blauer Schwede"

STICKER

_____ ist am günstigsten.

1 Die Piraten haben mehrere Schatzkisten gefunden.
In den Kisten sind Gold- und Silbermünzen.
Jeder Pirat darf eine Münze ziehen, ohne hinzusehen.
Tarip ist als Erster an der Reihe.

 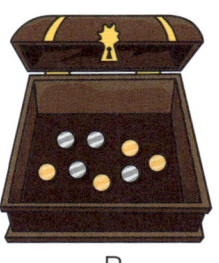 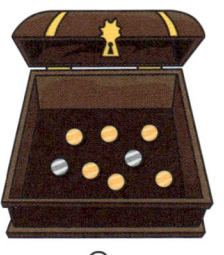 

A   B   C   D

Bei welcher Kiste hat Tarip die größte Chance, eine goldene

Münze zu ziehen? _____

Bei welcher Kiste ist es am **unwahrscheinlichsten**, eine goldene

Münze zu ziehen? _____

Bei welcher Kiste ist die Chance, eine goldene Münze zu ziehen

genau so groß wie die Chance auf eine silberne Münze? _____

2   Setze das richtige Wort ein.

sicher   wahrscheinlich

unwahrscheinlich   unmöglich

Es ist _____, eine goldene Münze zu ziehen.

Es ist _____, eine silberne Münze zu ziehen.

Es ist _____, eine Münze zu ziehen.

3 Setze das richtige Wort ein.

| sicher | wahrscheinlich | unwahrscheinlich | unmöglich |

Ich ziehe _____ eine blaue Perle.

Es ist _____, eine rote Perle zu ziehen.

Es ist _____, eine gelbe Perle zu ziehen.

4 Male die Perlen passend an.

Es ist **wahrscheinlich**, eine rote Perle zu ziehen und **unmöglich**, eine grüne Perle zu ziehen.

Es ist **unmöglich**, eine blaue Perle zu ziehen und **unwahrscheinlich**, eine gelbe Perle zu ziehen.

Es ist **sicher**, eine grüne Perle zu ziehen.

1 Die Piraten haben die Schatzinsel erreicht.
Es gibt verschiedene Wege zum Schatz.

Erst Weg 1 und dann
Weg A oder 1 und dann B
oder 1 und dann ...

1	A		2	A
1	B		2	B
1	C		...	
1	D			

Insgesamt gibt es _____ Möglichkeiten,
um zum Schatz zu gelangen.

Tarip geht auf jeden Fall Weg **2**.
Wie viele Möglichkeiten gibt es dann? _____

Tira entdeckt noch einen neuen Weg **E**.
Wie viele Möglichkeiten hat sie nun insgesamt,
um den Schatz zu erreichen? _____

1 A, 1 B, 1 C, 1 D, 1 E,   2 A, 2 ...

2 Bei der Kinderanimation des Kreuzfahrtschiffes steht heute Tauziehen auf dem Programm. Jan, Chiara, Lara, Nils und Ferdinand treten gegeneinander an. Jeder zieht gegen jeden.

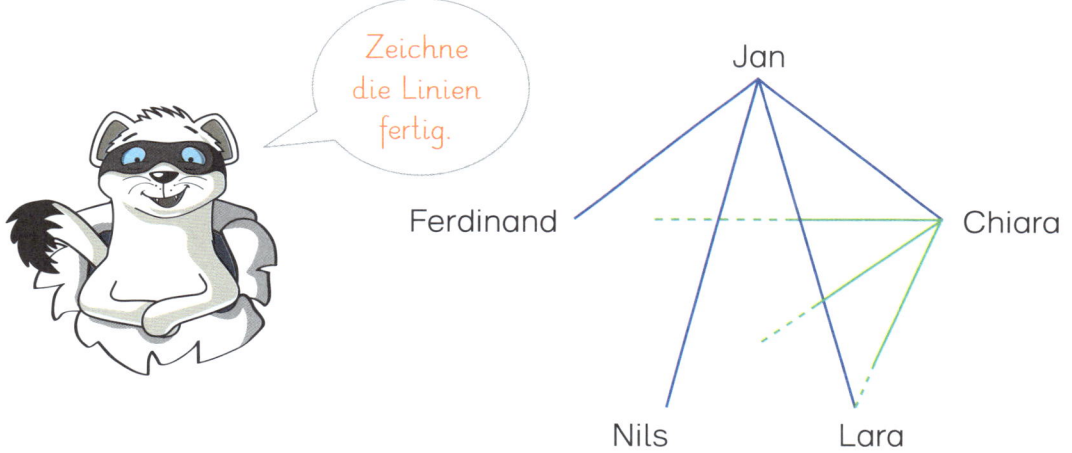

Zeichne die Linien fertig.

Jan zieht gegen _____ , _____ ,

_____ und _____ . Chiara muss

nicht mehr gegen Jan ziehen. Sie zieht nur noch gegen

_____ , _____ und _____ .

Lara muss noch gegen _____ und

_____ ziehen.

Gegen wen muss Nils noch ziehen?

_____

Insgesamt gibt es ____ Durchgänge.

STICKER

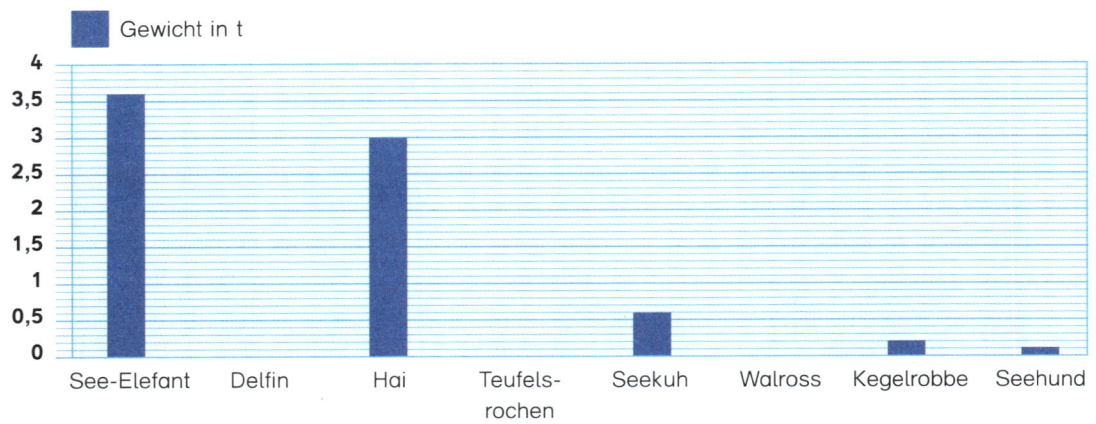

Gewicht in t

1   Wie schwer sind die Tiere? Trage ihr Gewicht
     jeweils in t und in kg in die Tabelle ein.

Tier	Gewicht in t	Gewicht in t und kg	Gewicht in kg
See-Elefant	3,6 t	3 t 600 kg	3 600 kg
Delfin	0,1 t	0 t 100 kg	
Hai			
Teufelsrochen	2 t		
Seekuh			
Walross	1 t		
Kegelrobbe			
Seehund			

2   Zeichne die fehlenden Säulen in das Schaubild.

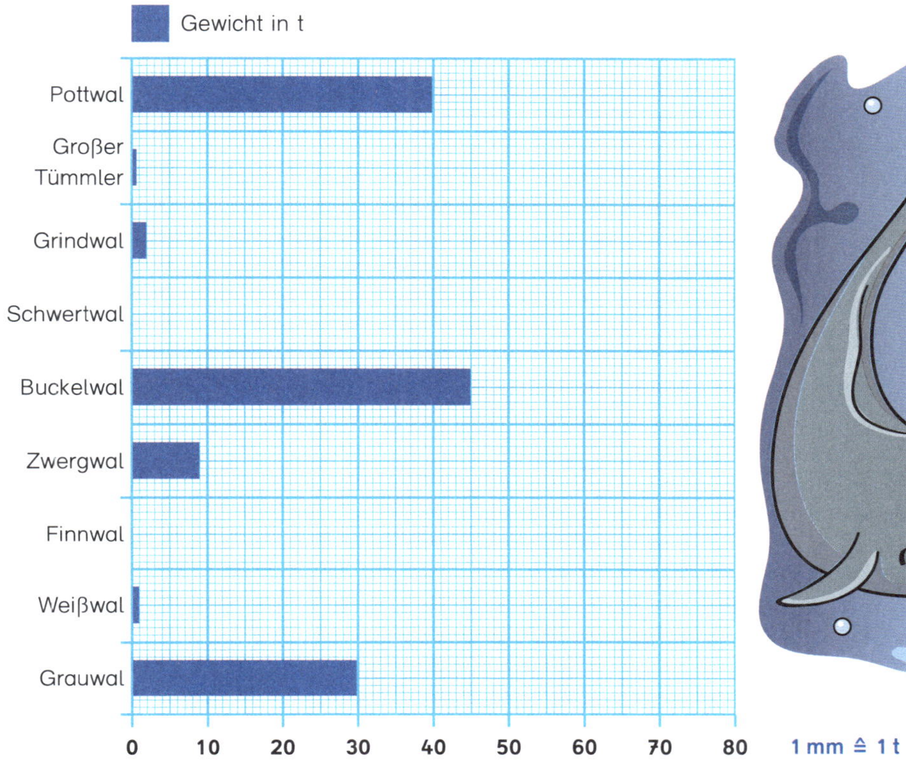

■ Gewicht in t

Wal	
Pottwal	
Großer Tümmler	
Grindwal	
Schwertwal	
Buckelwal	
Zwergwal	
Finnwal	
Weißwal	
Grauwal	

0   10   20   30   40   50   60   70   80   1 mm ≙ 1 t

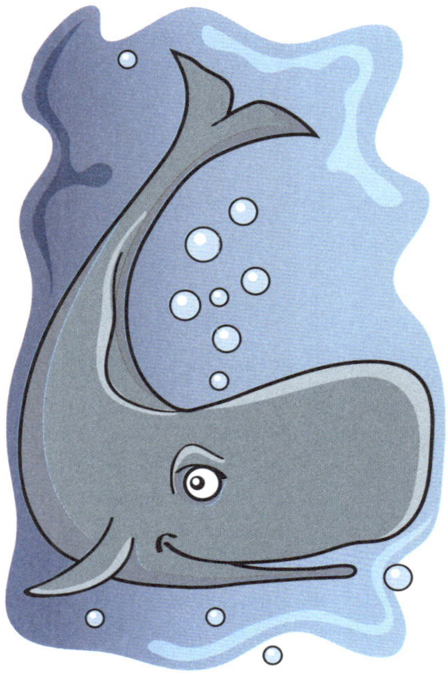

3 Trage das Gewicht dieser Wale in das Schaubild ein.
Finnwal 80 t, Schwertwal 7 t

4 Betrachte das Schaubild genau und beantworte die Fragen.

Welcher Wal wiegt am meisten? _____

Welcher Wal ist am leichtesten? _____

Welcher Wal ist genau 30 t schwer? _____

Welche Wale wiegen weniger als 10 t?

_____

_____

_____

STICKER

1 Zeichne jeweils weitere parallele Geraden zu g.

2 Immer zwei Geraden liegen parallel zueinander.
Kennzeichne sie mit der gleichen Farbe.

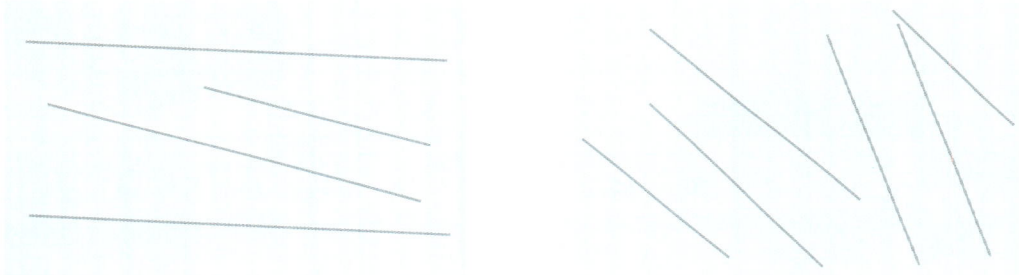

3 Zeichne jeweils drei senkrechte Geraden zu g.

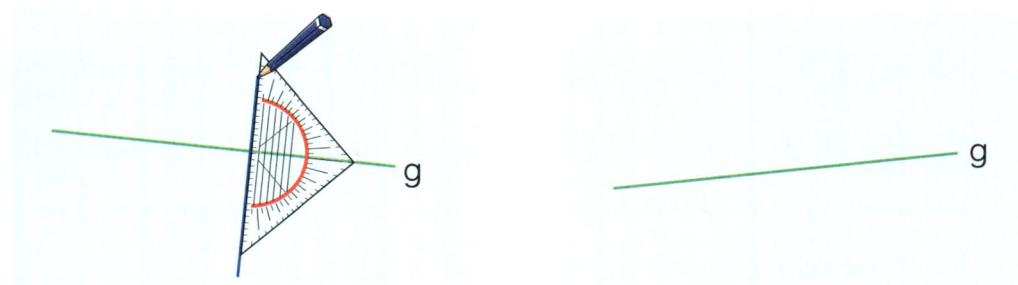

4 Zeichne in die Formen und Figuren rechte Winkel ein. Überprüfe mit dem Geodreieck.

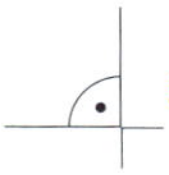

Die Geraden stehen senkrecht zueinander und bilden rechte Winkel.

5 Zeichne mit dem Geodreieck weiter. Male an.

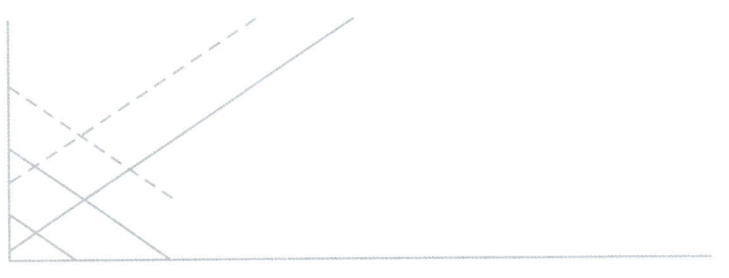

STICKER

1	2	3	4	5	6	7	8	9	10
11	12	13	14	15	16	17	18	19	20
21	22	23	24	25	26	27	28	29	30
31	32	33	34	35	36	37	38	39	40
41	42	43	44	45	46	47	48	49	50
51	52	53	54	55	56	57	58	59	60
61	62	63	64	65	66	67	68	69	70
71	72	73	74	75	76	77	78	79	80
81	82	83	84	85	86	87	88	89	90
91	92	93	94	95	96	97	98	99	100

2, 4, 6, 8 … nennt man **Vielfache** von 2.

1, 2, 4, 8, 16 sind **Teiler** von 16.

Primzahlen lassen sich nur durch 1 und sich selbst teilen. Die 1 ist keine Primzahl.

1 Finde alle Primzahlen bis 100.

1. Kreise die erste Primzahl ein. Das ist die 2. Streiche nun alle Vielfachen von 2 durch.

2. Kreise die erste, noch nicht durchgestrichene Zahl ein. Das ist die 3. Streiche nun alle Vielfachen von 3 durch.

3. Kreise die nächste, noch nicht durchgestrichene Zahl ein, also die 5. Streiche nun alle Vielfachen von 5 durch.

4. Kreise wieder die nächste, nicht durchgestrichene Zahl ein, also die 7. Streiche nun alle Vielfachen von 7 durch.

5. Kreise nun alle noch übrig gebliebenen Zahlen ein. Jetzt hast du alle Primzahlen bis 100 gefunden.

Achtung: Die 1 ist keine Primzahl!

2 Ich habe _____ Primzahlen bis 100 gefunden.

Die kleinste Primzahl ist die _____.

Die größte Primzahl bis 100 ist die _____.

3 Schreibe jeweils fünf Vielfache auf

von 2 : _2_ , _4_ , _____ , _____ , _____

von 4 : _4_ , _____ , _____ , _____ , _____

von 5 : _____ , _____ , _____ , _____ , _____

von 10 : _____ , _____ , _____ , _____ , _____

von 20 : _____ , _____ , _____ , _____ , _____

von 40 : _____ , _____ , _____ , _____ , _____

von 50 : _____ , _____ , _____ , _____ , _____

von 100 : _____ , _____ , _____ , _____ , _____

von 500 : _____ , _____ , _____ , _____ , _____

von 2 000 : _____ , _____ , _____ , _____ , _____

Der Taschenrechner hilft dir.

4 Welche Zahlen sind Teiler? Male sie an.

10: | 1 | 2 | 3 | 4 | 5 | 6 | 7 | 8 | 9 | 10 |

12: | 1 | 2 | 3 | 4 | 5 | 6 | 8 | 10 | 11 | 12 |

20: | 1 | 2 | 3 | 4 | 5 | 8 | 10 | 12 | 15 | 12 |

50: | 1 | 2 | 3 | 4 | 5 | 10 | 15 | 20 | 25 | 50 |

100: | 1 | 2 | 3 | 4 | 5 |

| 6 | 10 | 15 | 20 | 25 |

| 30 | 40 | 50 | 60 | 100 |

STICKER

Addition	Subtraktion	Multiplikation	Division
addieren	subtrahieren	multiplizieren	dividieren
3 + 3 = 6	3 − 3 = 0	3 · 3 = 9	3 : 3 = 1
Summe	Differenz	Produkt	Quotient

1 Was gehört zusammen? Male in der gleichen Farbe an.

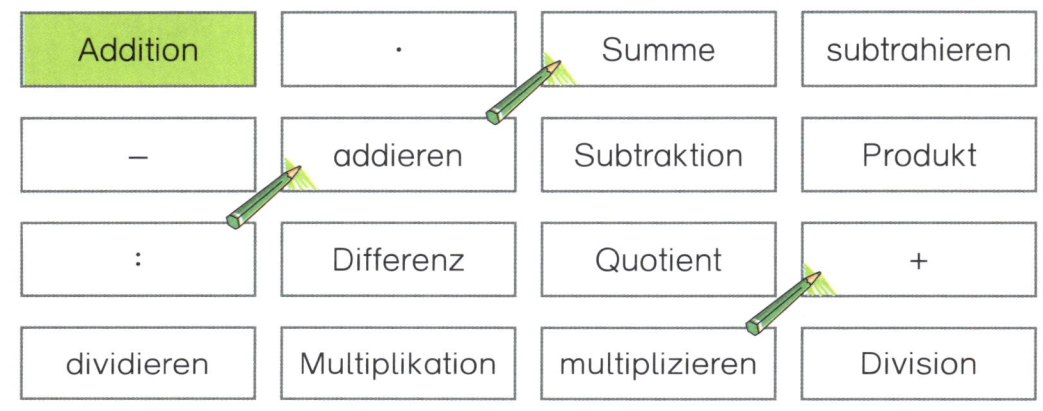

Addition	·	Summe	subtrahieren
−	addieren	Subtraktion	Produkt
:	Differenz	Quotient	+
dividieren	Multiplikation	multiplizieren	Division

2

Bilde die Summe von 40 und 23:
_____

Multipliziere 6 mit 50:
_____

Wie groß ist die Differenz zwischen 500 und 800?
_____

Bilde das Produkt aus 25 und 4:
_____

Subtrahiere 50 von 500:
_____

Addiere 520 und 417:
_____

Dividiere 810 durch 90:
_____

Der Quotient aus 350 und 7 ist:
_____

Addiere 12 und 8 und multipliziere die Summe mit 4:
_____

1 Meine Zahl …

… ist die Summe von 400 und 300.

… ist das Produkt aus 50 und 10.

… ist die Differenz zwischen 800 und 1000

… ist der Quotient aus 30 und 5.

… ist die Summe von 512 und 236.

… ist die Differenz zwischen 720 und 820.

… erhältst du, wenn du die Summe von 17 und 3 mit 5 multiplizierst.

… erhältst du, wenn du 10 von 100 subtrahierst und diese Differenz durch 9 dividierst.

STICKER

Rechnen mit Klammern

Zuerst in den Klammern rechnen.

$(70 + 30) \cdot 8 =$ _____

$100 \quad \cdot 8 =$ _____

$5 \cdot (50 - 40) =$ _____

$5 \cdot \quad 10 \quad =$ _____

1

$(300 + 200) \cdot 2 =$ _____

_____

$(600 + 400) \cdot 7 =$ _____

_____

$(400 - 100) : 3 =$ _____

_____

$(500 - 300) : 4 =$ _____

_____

2

$4 \cdot (200 + 200) =$ _____

_____

$5 \cdot (800 - 200) =$ _____

_____

$600 : (300 + 300) =$ _____

_____

$350 : (7 - 2) =$ _____

_____

3

$(800 - 400) \cdot \quad 2 =$ _____

$(300 + 100) : \quad 2 =$ _____

$(700 - 500) : 20 =$ _____

$2 \cdot (200 + 400) =$ _____

$5 \cdot (400 - 200) =$ _____

$500 : (400 - 300) =$ _____

1 $7 \cdot 50 + 3 =$ _____

_350 + 3 =_ _____

$9 \cdot 40 - 3 =$ _____

_360 - 3 =_ _____

$50 \cdot 5 - 30 \cdot 5 =$ _____

_____

$60 \cdot 20 - 20 \cdot 20 =$ _____

_____

Punktrechnung geht
vor Strichrechnung.

$6 \cdot 80 + 4 \cdot 80 =$ _____

_480 +_ _____

$50 \cdot 30 + 50 \cdot 30 =$ _____

_____

$70 \cdot 80 + 20 \cdot 80 =$ _____

_____

2 $20 : 5 + 20 =$ _____

_4 + 20 =_ _____

$70 \cdot 9 - 300 : 6 =$ _____

_630 -_ _____

$27 : 3 + 500 \cdot 2 =$ _____

_____

$70 + 3 \cdot 200 - 80 =$ _____

_70 + 600 - 80 =_ _____

$450 - 300 : 6 + 50 =$ _____

_____

$800 : 4 + 30 =$ _____

_200 + 30 =_ _____

$140 : 7 + 80 : 4 =$ _____

_____

$560 : 8 - 280 : 4 =$ _____

_____

STICKER

1

+	5	10	20	100
100	105			
1 000				
10 000				
100 000				

−	5	10	20	100
100	95			
1 000				
10 000				
100 000				

·	5	10	20	100
100				
1 000				
10 000				
100 000			2 000 000	10 000 000

:	5	10	20	100
100				
1 000			50	
10 000				
100 000			5 000	

2

333 000 + 6 = _____	542 000 − 200 000 = _____
333 000 + 60 = _____	542 000 − 20 000 = _____
333 000 + 600 = _____	542 000 − 2 000 = _____
333 000 + 6 000 = _____	542 000 − 200 = _____
333 000 + 60 000 = _____	542 000 − 20 = _____
333 000 + 600 000 = _____	542 000 − 2 = _____

5 · 2 = _____	800 000 : 400 000 = _____
5 · 20 = _____	800 000 : 40 000 = _____
5 · 200 = _____	800 000 : 4 000 = _____
5 · 2 000 = _____	800 000 : 400 = _____
5 · 20 000 = _____	800 000 : 40 = _____
5 · 200 000 = _____	800 000 : 4 = _____

3 Setze fort. Finde die Regeln.

Regel

0, 8 000, 16 000, 24 000, _____, _____   + 8 000

210 000, 260 000, 310 000, _____, _____   _____

950 000, 900 000, 850 000, _____, _____   _____

448 000, 436 000, 424 000, _____, _____   _____

1 Jan und Chiara machen mit ihren Eltern eine Kreuzfahrt.
Heute dürfen die Kinder selbst Cocktails mixen.
Wie viel Saft haben die Kinder jeweils hergestellt? Trage ein.

Apfelsaft	Orangen-saft	Maracuja-saft	Bananen-saft	Kirsch-saft	Zitronen-saft	Menge insgesamt
20 ml	5 ml	30 ml	0 ml	0 ml	10 ml	_____ ml
0 ml	0 ml	0 ml	500 ml	$\frac{1}{2}$ l	0 ml	_____ ml
$\frac{3}{4}$ l	$\frac{1}{4}$ l	0 ml	0 ml	0 ml	0 ml	_____ ml
$\frac{1}{4}$ l	$\frac{1}{4}$ l	$\frac{1}{4}$ l	0 ml	$\frac{1}{4}$ l	0 ml	_____ ml
100 l	0 ml	250 ml	100 l	125 ml	0 ml	_____ ml

2 Lara und Emilia haben einen sehr leckeren Saft
gemischt und eine 2-Liter-Karaffe damit randvoll gefüllt.
Chiara und Jan möchten gerne einen halben Liter
von dem leckeren Saft in Chiaras Karaffe umfüllen.
Sie haben aber keinen Messbecher.
Lara hat noch eine kleine Karaffe, die $\frac{1}{4}$ l fasst.
Wie können die Kinder es schaffen,
genau einen halben Liter Saft abzumessen?

3 Verbinde.

0,3 l

1,5 l

10 l

10 ml

150 l

200 ml

4 Immer zwei Teebeutel und eine Karaffe gehören zusammen.
Male in gleicher Farbe an.

1 l

$\frac{3}{4}$ l

0,75 l

500 ml

$\frac{1}{2}$ l

250 ml

1 000 ml

$\frac{1}{4}$ l

STICKER

1 Ergänze den Lückentext.

3 Liter   6 Monaten   6 Stunden   20:30 Uhr   40 km/h

1699 Euro   4 323 m²   120 000 t   253,33 m

Lieber Niklas,
wir machen mit der ganzen Familie eine Kreuzfahrt.

Unser Schiff ist riesig! Es ist _____ lang.

Das Restaurant, in dem wir mittags essen, hat eine Fläche von

_____. Da würde unser Wohnzimmer 216-mal reinpassen!
Kannst du dir das vorstellen?
Das Schiff fährt mit einer Geschwindigkeit von 22 Knoten.
Mein neuer Freund hat mir erklärt, dass das etwa so schnell ist wie

_____ mit dem Auto.

Tanken muss das Schiff natürlich auch. Pro Person verbraucht das Schiff

im Schnitt _____. Treibstoff auf 100 km Fahrt.
Außer uns sind hier noch etwa 3 000 andere Gäste an Bord.

Das Schiff wiegt _____. Damit ist es so schwer
wie 24 000 Elefanten. Ist das nicht unglaublich?

Für uns Kinder gibt es hier bis zu _____ lang täglich

ein tolles Kinder-Programm. Es endet um _____.

Papa hat die Reise schon vor _____ gebucht und sie uns
allen zu Weihnachten geschenkt.

Er hat dafür _____ bezahlt. Dafür hätte ich mein
Taschengeld neun Jahre lang sparen müssen!

Jetzt muss ich Schluss machen, die Schatzsuche fängt an.

Viele Grüße
Jan

2 Ergänze.

0,1 l	0,5 l	0,5 l	1,2 l	9,7 l	3,75 l	0,5 l
1,0 l	1,0 l	1,5 l	1,5 l	10,0 l	10,0 l	0,75 l

25 kg	179 kg	852 kg	611 kg	222 kg	872 kg	321 kg
50 kg	200 kg	1 000 kg	1 000 kg	500 kg	1 000 kg	500 kg

3 <, > oder = ? Setze richtig ein.

1,0 kg ◯ 1 000 g	0,75 l ◯ $\frac{3}{4}$ l	0,2 l ◯ 0,4 l
1,0 g ◯ 1 000 g	0,75 l ◯ 0,5 l	$\frac{1}{10}$ l ◯ $\frac{1}{2}$ l
1,0 t ◯ 1 000 kg	0,75 l ◯ 1,25 l	$\frac{1}{4}$ l ◯ 0,25 l
1,0 t ◯ 1 000 g	0,75 l ◯ 750 ml	$\frac{1}{4}$ l ◯ $\frac{1}{8}$ l

123 456,78 m ◯ 132 456,78 m

123 456,78 m ◯ 123 465,78 m

123 456,78 € ◯ 123 456,87 €

100 100,11 € ◯ 100 010,11 €

STICKER

Piratenhafen ab

Fahrplan Fähre
Montag bis Freitag

7	05			
8	05		35	
9	05		35	50
10	05	20	35	50
11	05	20	35	50
12	05	20	35	
13	05		35	

Forscherriff ab

Fahrplan Fähre
Montag bis Freitag

7	05		
8	05		
9	05		35
10	05		35
11	05	20	35
12		20	
13		20	

Fahrpreise

Einzelfahrt	Kind	1,60€
Einzelfahrt	Erwachsener	2,70€
Einzelfahrt	Gruppenticket (bis 5 Personen)	6,80€
Hin- und Rückfahrt	Kind	2,90€
Hin- und Rückfahrt	Erwachsener	5,20€
Hin- und Rückfahrt	Gruppenticket (bis 5 Personen)	12,90€

1 Emilia und ihr Vater machen einen Tagesausflug. Sie warten auf die Fähre vom Piratenhafen zum Forscherriff.

Es ist jetzt 7:50 Uhr. Die nächste Fähre fährt um _____ Uhr ab.

Welche Tickets kaufen sie an der Kasse für Hin- und Rückfahrt?

_____

_____

Wie viel muss der Vater insgesamt bezahlen? _____

2 Vier Taucher beenden ihre Forschungsreise und fahren vom Forscherriff zum Piratenhafen. Sie treffen sich um 07:07 Uhr und

verpassen die Fähre um _____ Uhr um 2 Minuten. Die nächste

Fähre fährt um _____ Uhr ab. Die Forscher müssen _____

Minuten warten. Welche Tickets kaufen sie an der Kasse?

_____.

Zusammen bezahlen sie _____ Euro für die Fährüberfahrt.

3 Sechs Forscher möchten gemeinsam vom Forscherriff zum Piratenhafen fahren.
Sie treffen sich um 12:30 Uhr. Sie müssen

_____ Minuten auf die nächste Fähre warten.

Sie bezahlen _____.

STICKER

1 Setze die passenden Rechenzeichen ein.

200 000 ◯ 4 = 200 004   200 000 ◯ 4 = 199 996

200 000 ◯ 4 = 800 000   200 000 ◯ 4 = 50 000

330 033 ◯ 3 = 330 036   330 033 ◯ 3 = 990 099

330 033 ◯ 3 = 330 030   330 033 ◯ 3 = 110 011

150 000 ◯ 5 = 150 005   150 000 ◯ 5 = 750 000

150 000 ◯ 5 = 30 000   150 000 ◯ 5 = 149 995

2 Rechne und trage die fehlenden Ergebnisse ein.

1 000   · 5   · 2   10 000

· 500   · 5

: 200   + 995 000   · 10

+ 500 000   · 20

1 000 000

+ 600 000   + 750 000

: 4   · 10   · 5

: 2   : 2

800 000   · 8   : 5   500 000